DISEÑADOS PARA NO ESTAR SOLOS

CONSTRUYE RELACIONES SANAS

TIMOTHY S. LANE y PAUL DAVID TRIPP

PATMOS TGC |

Diseñados para no estar solos: Construye relaciones sanas

Publicado por Editorial Patmos,
Miramar, FL 33025

Publicado originalmente en inglés por New Growth Press, Greensboro NC 27429, con el título *Relationships: A Mess Worth Making*. ©2006, 2008 por Timothy S. Lane y Paul David Tripp.

Traducido por Roberto Cabrera
Revisado por Regina Romano
Diseño de portada e interior por Adrián Romano

ISBN: 978-1-64691-283-4

Categoría: Vida cristiana

Impreso en Colombia | *Printed in Colombia*

CONTENIDO

CAPÍTULO 1

EL CAPÍTULO MÁS CORTO E IMPORTANTE DE ESTE LIBRO

Escribir un libro es siempre un viaje de giros inesperados. Por mucho que intentes trazar el camino, nunca acabas exactamente donde habías planeado. Este capítulo es uno de esos giros inesperados. Cuando terminamos de escribir este libro, nos dimos cuenta de que debíamos explicar cómo se había escrito. Lo que estás a punto de leer es un libro sobre las relaciones, que se escribió estando bajo una relación. Cuando fuimos coautores de *Cómo cambia la gente*, dividimos los capítulos y escribimos por separado. Sin embargo, decidimos escribir juntos este libro que ahora tienes en tus manos. Trabajamos en casa de Tim (Tim en la computadora y Paul paseándose de un lado a otro de la habitación). Discutimos frases, párrafos, páginas y capítulos. Cuando terminamos, ambos coincidimos en que este proceso había sido una de las experiencias ministeriales más singulares y agradables de nuestras vidas.

El resultado de nuestra colaboración no es solo un examen, sino un ejemplo real de personas rotas en comunidades rotas que experimentan la gracia reconciliadora de Dios. Hemos escrito como personas imperfectas en estrecha relación que han experimentado la gracia de Dios en la vida cotidiana y en el ministerio. No hemos escrito desde la sabiduría del éxito, sino desde la sabiduría del esfuerzo. Una breve historia de nuestra relación ilustrará este punto.

Hace unos cinco años, Paul trabajaba en la Christian Counseling & Educational Foundation y dirigía el departamento de formación de las iglesias locales. La facultad de CCEF llegó a considerar que este trabajo era demasiado grande para una sola persona y decidió contratar a un pastor experimentado para asociarse con Paul. Se decidió que Tim era la persona idónea para desempeñar esta función. Los dos comenzamos nuestro trabajo con entusiasmo y aprecio mutuo. Sin embargo, surgieron problemas cuando, siendo dos líderes que solamente se conocían a una distancia prudencial, ¡empezamos a trabajar juntos en la misma habitación! Se hizo evidente que, aunque compartíamos una visión, teníamos personalidades y dones muy diferentes. El pecado, la debilidad y el fracaso no tardaron en asomar sus feas cabezas. Ofensas menores y grandes malentendidos empezaron a interponerse en nuestro aprecio y en la labor para la que Dios nos había reunido.

Era un momento crucial. ¿Cederíamos a la desilusión y el desánimo, o nos comprometeríamos a hacer lo que habitualmente enseñamos a hacer a los demás? Decidimos, entonces, que nuestra única opción era confiar en Cristo del mismo modo que pedimos a los demás que lo hagan, y darle la oportunidad de obrar en nosotros para que Él pudiera obrar a través de nosotros.

Nos apresuramos a decir que no somos héroes de las relaciones. De hecho, lo cierto es lo contrario. Nuestro objetivo es que este libro te ayude a mirar a través de los cristales rotos de nuestro pecado para ver la gloria de un Redentor que está siempre presente, siempre trabajando para rescatarnos y cambiarnos. Queremos que sepas que los hombres que escribieron este libro son como tú, tanto en lucha como en potencial. Somos pecadores con la capacidad de hacernos mucho daño a nosotros mismos y a nuestras relaciones. Necesitamos la gracia de Dios para salvarnos de nosotros mismos. Pero también somos hijos de Dios, lo que significa que tenemos una gran esperanza y potencial, no una esperanza basada en nuestros dones, experiencia o historial, sino una esperanza basada en Cristo. Porque Él está en nosotros y nosotros en Él, es correcto decir que nuestro potencial es Cristo.

Sabemos muy bien que estamos en medio del proceso de santificación de Dios. Y como esto es cierto, volveremos a luchar. El egoísmo, el orgullo, el espíritu que no perdona, la irritación y la impaciencia volverán, sin duda. Pero no tenemos miedo ni estamos desesperados. Hemos experimentado lo que Dios puede hacer en medio del desorden. A este lado del cielo, las relaciones y el ministerio siempre se forjan en la fragua de la lucha. Ninguno de nosotros puede relacionarse con personas perfectas, ni evitar los efectos de la caída en el trabajo que intentamos hacer. Sin embargo, en medio del desorden, encontramos las mayores alegrías de la relación y el ministerio.

Queremos afirmar que lo que encontrarás en este libro es verdad. Sabemos que es verdad no solo porque hemos examinado la teología del libro y la hemos encontrado ortodoxa, sino también porque hemos puesto a prueba al Dios del libro y lo hemos encontrado fiel una y otra vez. Lo que el libro ofrece no es la sabiduría de dos hombres que han llegado, sino la adoración de dos individuos necesitados que quieren compartir contigo los insondables y accesibles recursos del Dios que ha estado y está con nosotros. Él está cerca de ti, contigo y en ti. Esto significa que hay esperanza, incluso en las relaciones que te dejan confundido y decepcionado.

Que experimentes su gracia a diario, como nosotros.

CAPÍTULO 2

¿POR QUÉ MOLESTARSE?

Dios mío, Dios mío,
    ¿por qué me has abandonado?
Lejos estás para salvarme,
    lejos de mis palabras de lamento.
Dios mío, clamo de día y no me respondes;
    clamo de noche y no hallo reposo.

SALMO 22:1-2

«Tenía tantas esperanzas puestas en nuestra amistad. ¿Qué salió mal? Pensé que por fin había encontrado a alguien en quien confiar».

«No puedo creer que estés cuestionando mi integridad después de todo lo que he hecho por ti. No es que yo sea el único que ha fallado en esta relación. Tú también me has hecho daño».

«Lo ves, esto es lo que siempre haces. Acudo a ti y me das vuelta la tortilla. Eres tan bueno haciendo que los demás se sientan culpables de tus fracasos. El problema contigo es que eres mucho mejor reconociendo los fallos de los demás que los tuyos propios. No tienes ni idea de cuánto daño me has hecho. Traicionaste nuestra confianza cuando les contaste lo que dije».

«Nunca me dijiste que no podía decir nada sobre lo que compartiste conmigo. No sabía que serías tan sensible al respecto».

«¡Pensé que te importaba lo suficiente como para no tener que decirte que no hables con otra persona! Pensé que nuestra relación era tan importante para ti como lo es para mí».

«Lo ves, ese es el problema. Siempre actúas como si estuvieras más comprometido con esta relación que yo. Así que me observas como un halcón, a la espera de abalanzarte sobre cualquier indicio de fracaso».

«¿Por qué siempre llegamos hasta este punto? Ni siquiera podemos tener una discusión sobre el clima sin que termine en acusación».

¿Te suena familiar?

Mientras sigilosamente escuchabas esta conversación, ¿te sonó familiar? Puede que no hayas utilizado las mismas palabras, pero probablemente te hayas sentido igual en algún momento de tu vida. Puede que estas palabras te recuerden a una relación en concreto con una persona en particular. Has sentido el aguijón del dolor y la decepción. Sabes que también has decepcionado a otros. Tienes claro que ninguna relación te ofrece lo que habías soñado. Tu fantasía choca con la realidad, ¡y la realidad duele!

> **Tienes claro que ninguna relación cumple lo que soñabas. Tu fantasía choca con la realidad, ¡y la realidad muerde!**

«¡No puedo creer que hicieran algo así por mí! Es tan alentador que no haya tenido que pasar por esto sola».

«He recibido tanto como he dado. Tu amistad ha sido una fuente constante de aliento».

«Así es. Cuando nos conocimos ninguno de los dos tenía idea de lo que Dios haría a través de nuestra amistad».

«Lo que aprecio es que, aunque no siempre ha sido fácil, te has comprometido a tratar nuestros problemas y desacuerdos de forma constructiva. Tu honestidad es revitalizante».

«Y has sido un modelo de paciencia y disposición para escuchar, incluso cuando era difícil. Dios te ha usado en mi vida para ayudarme a hablar honestamente, pero de una manera más piadosa».

«Sospecho que no siempre será así de cómodo; pero es alentador que nos comprometamos a abordar nuestros problemas futuros de esta manera».

¿Palabras familiares?

Puede que tampoco hayas utilizado estas palabras exactamente, pero esperamos que puedas identificarte con esta experiencia de amistad y aliento mutuo. Dios ha puesto personas en tu vida y te ha colocado a ti en la de ellos. Cuando miras atrás, puedes ver la huella que han dejado en tu carácter. Ha habido momentos en los que te has alegrado mucho de no ir solo por la vida. Has sido recibido con paciencia y gracia, incluso después de un fracaso. Y tú también has estado dispuesto a perdonar y has experimentado la bendición de hacerlo.

Dos mundos

Elise estaba muy agradecida por el círculo de amigos que Dios le había dado. Los dos primeros meses había estado muy sola después de mudarse de estado para aceptar un nuevo trabajo. Antes de la mudanza, nunca habría imaginado cuánto echaría de menos su iglesia y sus amigos. Lo único que la mantenía en pie era el compromiso de Kurt de seguirla, para poder continuar su relación y casarse en un futuro no muy lejano.

Al poco tiempo, Elise empezó a relacionarse con gente de una buena iglesia. Se había hecho especialmente amiga de Amanda y Marta. Estaba agradecida a Dios por haberlas traído a su vida. Parecía que las cosas iban bien: tenía amigos cerca y Kurt estaría pronto con ella.

Entonces, las cosas empezaron a cambiar. Primero, los mensajes de texto diarios de Kurt dejaron de llegar. Luego, los correos electrónicos semanales, también dejaron de llegar. Elise empezó a sentir pánico cuando esperaba la llamada del viernes por la noche (el momento culminante de su semana) y nunca llegó. Llamó a Kurt el sábado para preguntarle si todo estaba bien. Él dijo que estaba bien, pero era evidente que no. La semana siguiente el contacto fue aún menor, con sólo un par de mensajes de texto cortos. El lunes llegó un largo correo electrónico, pero no el que Elise quería. Kurt escribió que lo había reconsiderado. No iba a mudarse a donde estaba ella y pensaba que debían «pasar página». Elise estaba destrozada. Kurt no solo había puesto fin a su relación, ¡sino que lo había hecho por correo electrónico!

“Algunas de nuestras alegrías más profundas y de nuestras heridas más dolorosas han tenido lugar en las relaciones. Hay momentos en los que desearíamos vivir solos y otros en los que nos alegramos de no hacerlo.”

Durante los siguientes días, Elise intentó rodearse de amigos, ya que lo único que hacía era llorar cuando estaba sola. El amor y el apoyo de sus amigos la mantuvieron en pie. Por un lado, Amanda y Marta habían sido increíblemente amables y comprensivas. Pero, por otro, Kurt la había traicionado. Creía que nunca lo superaría. Se preguntaba si valía la pena arriesgarse a sufrir tanto.

De alguna manera, todos vivimos en estos dos mundos. Algunas de nuestras alegrías más profundas y de nuestras heridas más dolorosas han tenido lugar en las relaciones. Hay momentos en los que desearíamos vivir solos y otros en los que nos alegramos de no hacerlo. Lo cierto es que todos hemos sido moldeados de manera significativa por relaciones llenas de dolor y alegría.

Tómate un momento para reflexionar sobre las relaciones en tu vida. Piensa en las relaciones de tu familia mientras crecías. ¿Cuáles eran las reglas tácitas que seguía tu familia? ¿Cómo se afrontaban los conflictos? ¿Cuál era el método habitual para resolver los problemas? ¿Existían patrones regulares de perdón? ¿Viste alguna vez que se pidiera perdón y se concediera? ¿Cuál era la forma habitual de comunicarse? ¿Quién tenía normalmente la palabra? ¿Creciste en una familia tranquila o ruidosa? ¿Cómo era la conversación en la mesa? ¿Había ciertos temas tabú o todo era juego limpio? ¿Cómo se expresó la ira? ¿Se gestionó de forma positiva? En el ajetreo de la vida familiar, ¿cuánto se invirtió en mantener relaciones sanas? ¿Se motivaba a la gente positivamente o con amenazas y culpabilidad? ¿Era tu casa un lugar para relajarse, o te sentías como si estuvieras caminando sobre cáscaras de huevo? ¿Hasta qué punto se modelaba y fomentaba el servicio mutuo dentro de la familia? ¿Qué tipo de relación tenía tu familia con la comunidad que la rodeaba?

Tus respuestas a estas preguntas básicas pueden mostrarte cómo tu familia moldeó tu forma de relacionarte con los demás. ¿Se han convertido los valores de tu familia en tus valores? ¿Las luchas de tu familia se han convertido en tus luchas? Nuestra familia de origen es solo una de las muchas influencias en nuestra forma de ver las relaciones. No has llegado a ser quien eres por ti mismo, por eso las relaciones son tan importantes. Son ineludibles e influyen poderosamente. La dificultad estriba en el pecado, y la gracia coexiste en todas ellas. El pecado se interpone en el camino de lo que la gracia puede hacer, mientras que la gracia cubre lo que el pecado causa. Nuestras relaciones muestran vívidamente esta mezcla dinámica de oro y escoria.

¡Oh, no! ¡Otro libro sobre relaciones, no!

Puesto que las librerías locales ya están repletas de libros y revistas sobre relaciones, ¿por qué dedicar tiempo a leer este otro libro? ¿Qué podemos ofrecer que interese tanto a los más ingenuos como a los más hastiados? Queremos destacar la lente única que Dios da a sus hijos para mirar sus vidas. Esta lente te ayudará a abrirte camino en la intersección del pecado y la gracia en las relaciones. Sin ella, seguirás siendo ingenuo o te volverás cínico. Cuando te enfrentes a problemas, solo te quedarán la sabiduría humana y las técnicas que producen soluciones a corto plazo, pero que no pueden prometer un cambio personal e interpersonal duradero. El defecto fatal de la sabiduría humana es que promete que puedes cambiar tus relaciones sin necesidad de cambiarte a ti mismo.

Cuando gobierna esa perspectiva, acabas conformándote con mucho menos de lo que Dios desea para tu vida y tus amistades. Como observó el autor cristiano C. S. Lewis:

> Nuestro Señor encuentra nuestros deseos no demasiado fuertes, sino demasiado débiles. Somos criaturas poco entusiastas, que jugueteamos con la bebida, el sexo y la ambición cuando se nos ofrece una alegría infinita, como un niño ignorante que quiere seguir haciendo empanadas de barro bajo un tugurio porque no se imagina lo que significa la oferta de unas vacaciones en el mar. Nos complacemos con demasiada facilidad.[1]

En nuestra sabiduría humana, nos conformaríamos con la tregua relacional; pero Dios quiere llevarnos hasta el final de nosotros mismos para que veamos nuestra necesidad de una relación tanto con Él como con los demás. Todo lo doloroso que experimentamos en nuestras relaciones tiene por objeto recordarnos nuestra necesidad de Él. Y todo lo bueno que experimentamos pretende ser una metáfora de lo que solamente podemos encontrar en Él. Citando de nuevo a C. S. Lewis, esta relación vertical primaria es el fundamento de todo lo que la Biblia dice sobre las relaciones.

> Cuando haya aprendido a amar a Dios mejor que a mis seres queridos terrenales, amaré a mis seres queridos terrenales mejor que ahora. En la medida en que aprenda a amar a mis seres queridos terrenales a expensas de Dios y en lugar de Dios, estaré avanzando hacia un estado en el que no amaré en absoluto a mis seres queridos terrenales. Cuando las cosas primeras se ponen en primer lugar, las segundas no se suprimen, sino que aumentan.[2]

---

[1] C. S. Lewis, *The Weight of Glory and Other Addresses* (Nueva York: Harcourt Brace Jovanovich, 1960), 3-4.

[2] C. S. Lewis, *Letters of C. S. Lewis* (Nueva York: Harcourt Brace Jovanovich, 1966), 248.

Es probable y claro que lo que Lewis describe no siempre es evidente en tu vida. Tampoco es siempre evidente en la nuestra. Hay muchos indicadores que revelan nuestra tendencia a invertir el orden de las cosas y poner primero lo segundo. Por eso luchamos con:

Dejar ir un momento de dolor.
Enfadarse por la forma en que nuestros hijos adolescentes nos complican la vida.
Ponerse a la defensiva cuando se nos desafía. Evitar el conflicto por miedo.
Ser demasiado políticos en el trabajo.
Resignarse a relaciones rotas que podrían curarse.
Chismear respecto de las personas.
Mentir por miedo a lo que piensen los demás.
Comprometer nuestras convicciones para ganarnos la aprobación de los demás.
Buscar relaciones cómodas y evitar las difíciles.
Dudar de Dios cuando nuestras relaciones son difíciles.
Envidiar las amistades de los demás.
Controlar las relaciones por un deseo de seguridad.
Estallar contra la gente cuando nos pisotean.
Vivir en un amargo aislamiento ante la decepción.

Por eso es tan importante el tema de este libro. Todos necesitamos tener una idea más clara de lo que significa poner lo primero en primer lugar y de cómo Jesús nos capacita para ello. También necesitamos entender qué cambios prácticos son necesarios para crear una nueva agenda para nuestras relaciones y qué pasos concretos debemos dar cuando buscamos agradar a Dios.

Un enfoque bíblico de las relaciones

Como este tema es tan amplio y se ha escrito mucho sobre él, queremos empezar con ocho hechos bíblicos que resumen la forma en que Dios quiere que pensemos sobre nuestras relaciones. Estos hechos darán forma a la manera en que abordaremos todo en este libro. No se discutirán específicamente en cada capítulo, pero son el fundamento de nuestro modelo de relaciones sanas y piadosas.

> **Cada cosa dolorosa que experimentamos en las relaciones está destinada a recordarnos nuestra necesidad de Dios.**

Estás hecho para las relaciones

Este hecho nos lleva de nuevo al principio. Plantea las preguntas básicas: «¿Quiénes somos y qué importancia tienen nuestras relaciones?». En Génesis 2:18, Dios dice que no es bueno que el hombre esté «solo». Esta afirmación tiene más que ver con el diseño de Dios para la humanidad que con la necesidad de Adán. Dios nos creó para ser seres relacionales porque es un Dios social. Dios vive en comunidad dentro de la Trinidad como Padre, Hijo y Espíritu, y creó a la humanidad a su imagen. Génesis 2 no habla principalmente de la experiencia de soledad de Adán, sino que revela su naturaleza como la persona que Dios creó para que fuera. Puesto que Dios creó a un ser comunitario (alguien diseñado para las relaciones), la creación está incompleta sin una compañera adecuada. Aunque Génesis 2 habla de la complementariedad entre el hombre y la mujer, las implicaciones son más amplias e incluyen todas las relaciones humanas. Además, la palabra «ayuda», utilizada aquí para Eva, habla en toda la Escritura de la naturaleza complementaria de todas las relaciones humanas. «Ayuda» se utiliza principalmente para describir a un compañero, no a un compañero de trabajo.

La razón por la que sabemos que esto es cierto es porque la palabra «ayuda» se utiliza a menudo para describir la relación de Dios con su pueblo. Cuando se usa así, no se refiere a Dios como nuestro compañero de trabajo o empleado, sino como nuestro compañero definitivo que aporta a la relación cosas que no podríamos aportar nosotros mismos (Salmos 27:9; 33:20-22). Por tanto, Dios no está refiriéndose a la carga de trabajo de Adán, sino al hecho de que es un ser social que carece de una compañera adecuada. Al igual que los seres humanos fueron creados con una necesidad vertical de la compañía de Dios, también fueron creados para la compañía horizontal de otras personas.

Génesis 2 señala el hecho de que las relaciones son un componente central de lo que Dios ha diseñado que seas. Las relaciones son tan importantes para Dios que culmina su obra creadora con la creación de Eva. Juntos, ella y Adán, pueden experimentar la comunidad, tanto vertical como horizontal, en presencia del Dios vivo.

De alguna manera, todas las relaciones son difíciles

Aunque el primer dato es emocionante, aún tenemos que enfrentarnos a la realidad.

Todas nuestras relaciones son menos que perfectas. Hay que trabajar para que prosperen. Justo después de la euforia de Génesis 2 llega Génesis 3, donde la entrada del pecado trae frustración y confusión a las relaciones. En Génesis 3, el hombre y la mujer se enredan en acusaciones y calumnias. Génesis 4 empeora aún más, con un hombre que asesina a su propio hermano.

Aunque muchos de nosotros no hemos cometido un asesinato, seguimos viviendo inmersos entre el asesinato, la acusación y la culpa. ¡No es de extrañar que nuestras relaciones sean tan confusas! Nuestra lucha con el pecado se revela constantemente en ellas. Si quieres disfrutar de algún progreso o bendición en tus relaciones, requerirá que admitas humildemente tu pecado y te comprometas con el trabajo que requieren.

Cada uno de nosotros siente la tentación de hacer de las relaciones el fin y no el medio

Cuando reflexionamos sobre Génesis 1–3, queda claro que la relación primaria que Adán y Eva debían disfrutar era su relación con Dios. Esta comunión vertical con Dios sentaría las bases de la comunidad horizontal que debían mantener entre sí. Todo lo que Dios hizo señalaba a Adán y Eva la primacía de su relación con

Él. Toda la creación debía funcionar como una flecha apuntando hacia Dios. Pero en nuestro pecado tendemos a dar más importancia a las personas y a la creación. Las mismas cosas que Dios creó para revelar su gloria se convierten, en cambio, en la gloria que deseamos. Aquí es donde vemos de la mano de C. S. Lewis, que nuestros deseos son demasiado débiles y no demasiado fuertes. Nos conformamos con la satisfacción de las relaciones humanas, cuando su propósito era dirigirnos a la satisfacción relacional perfecta que solo se encuentra con Dios. La ironía es que cuando invertimos el orden y elevamos la creación por encima del Creador, destruimos las relaciones que Dios pretendía y que nos habría permitido disfrutar.

“Todos buscamos estrategias o técnicas que nos liberen del dolor de las relaciones y del duro trabajo que exigen las buenas relaciones.”

No hay secretos que garanticen relaciones sin problemas

Todos buscamos estrategias o técnicas que nos liberen del dolor de las relaciones y del duro trabajo que exigen las buenas relaciones. Esperamos que una mejor planificación, una comunicación más eficaz, una clara definición de roles, estrategias de resolución de conflictos, estudios de género y tipificación de personalidades, por nombrar sólo algunas, marcarán la diferencia. Estas cosas pueden ser valiosas; pero si fueran todo lo que necesitamos, la vida, muerte y resurrección de Jesús serían innecesarias o, en el mejor de los casos, redundantes.

Las habilidades y las técnicas nos atraen porque prometen que los problemas relacionales pueden arreglarse modificando nuestro comportamiento sin alterar la inclinación de nuestros corazones. Pero la Biblia dice algo muy distinto. Dice que Cristo es la única esperanza real para las relaciones, porque solo Él puede profundizar lo suficiente como para abordar las motivaciones y deseos fundamentales de nuestros corazones.

En algún momento te preguntarás si las relaciones merecen la pena

En algún punto, cada uno de nosotros se sentirá desanimado y decepcionado con una relación. La salud y la madurez de una relación no se miden por la ausencia de problemas, sino por la forma en que se manejan los problemas inevitables. Desde que nacemos hasta que morimos, somos pecadores que viven con otros pecadores. Una buena relación implica identificar honestamente los patrones de pecado que tienden a perturbarla. También implica ser humilde y estar dispuesto a protegerte a ti mismo y a la otra persona de estos patrones de pecado. Debido a que el conflicto humano es el resultado de las batallas espirituales en nuestros corazones, las relaciones sabias siempre buscan estar conscientes de esa lucha más profunda. Incluso en tiempos de paz, debes estar atento al modo en que tus relaciones pueden ser secuestradas por los deseos subyacentes de vuestros corazones, que cambian sutil y constantemente.

¿Cómo afrontas las decepciones relacionales? ¿Culpas, niegas, huyes, evitas, amenazas y manipulas? ¿O dices la verdad, muestras paciencia, te acercas a la gente con delicadeza, pides perdón y lo concedes, pasas por alto las ofensas menores, animas y honras a los demás? Admitamos que estas preguntas nos tocan cada momento en el día a día. ¡La verdadera madurez cristiana no puede ser más práctica y concreta!

“¿Te has preguntado alguna vez por qué Dios no mejora tus relaciones de la noche a la mañana?”

Dios nos mantiene en relaciones desordenadas para su propósito redentor

Este sexto hecho nos recuerda que lo que naturalmente tratamos de evitar es lo que Dios ha elegido usar para hacernos más como Él. ¿Te has preguntado alguna vez por qué Dios no mejora tus relaciones de la noche a la mañana? A menudo pensamos que si Dios realmente se preocupara por nosotros, haría nuestras relaciones más fáciles. En realidad, una relación difícil es una señal de su amor y cuidado. Preferiríamos que Dios se limitara a cambiar la relación, pero no estará contento hasta que la relación nos cambie también a nosotros. Así es como Dios diseñó que las relaciones funcionen.

Lo que ocurre en el desorden de las relaciones es que nuestros corazones se revelan, nuestras debilidades quedan al descubierto y empezamos a llegar al final de nosotros mismos. Solo cuando esto sucede buscamos la ayuda que únicamente Dios puede proporcionarnos. Personas débiles y necesitadas que encuentran su esperanza en la gracia de Cristo llegan a ser la marca de una relación madura. El aspecto más peligroso de tus relaciones no es tu debilidad, sino tus ilusiones de fortaleza. La autosuficiencia es casi siempre un componente de una mala relación. Aunque nos gustaría evitar el desorden y disfrutar de una comunidad profunda e íntima, Dios dice que es en el proceso mismo de trabajar a través del desorden, donde se encuentra la intimidad. ¿Qué relaciones son más significativas para ti? Lo más probable es que sean aquellas en las que has tenido que superar dificultades y penurias.

El hecho de que nuestras relaciones funcionen tan bien como lo hacen es un signo seguro de gracia

Uno de los mayores impedimentos a los que nos enfrentamos en las relaciones es nuestra ceguera espiritual. Con frecuencia no vemos nuestro pecado, ni vemos las muchas maneras en que Dios nos protege a nosotros y a los demás de él. Dios nos resguarda constantemente de nosotros mismos al frenar nuestro pecado. Nos parecemos mucho al siervo de Eliseo en 2 Reyes 6:15-22. Estaba abrumado por el ejército enemigo que lo rodeaba, hasta que Dios le abrió los ojos para que viera el ejército mucho más formidable de ángeles que Dios había enviado para protegerlo. ¿Por qué el siervo solo podía ver los enemigos que rodeaban a Israel, pero no «las colinas llenas de caballos y carros de fuego» del Señor? Fue la ceguera espiritual de la incredulidad.

¿Cómo mides tu potencial en las relaciones? ¿Mides el tamaño de los problemas o la magnitud de la presencia de Dios en medio de ti? Teniendo en cuenta nuestro pecado, ¡es increíble que la gente se lleve bien! Cada noche las noticias comienzan con una letanía de asesinatos, violaciones y robos que sugieren que nuestras comunidades son lugares muy peligrosos. Sin embargo, a menudo no citan las miles de cosas buenas que la gente hace para que esas mismas comunidades sean habitables. La visión que tenemos de nuestras relaciones puede ser igual de sesgada. Tendemos a ver pecados, debilidades y fracasos, en lugar de las cosas buenas que Dios está haciendo. Si buscas a Dios en tus relaciones, siempre encontrarás cosas por las que estar agradecido.

Las Escrituras ofrecen una esperanza clara para nuestras relaciones

¿Te desanima el desafío y el desorden de las relaciones? ¿Te escandaliza la honestidad bíblica sobre la comunidad humana? ¿Te sientes abrumado por el duro trabajo que requieren las relaciones? Si es así, estás preparado para este último hecho: la relación destrozada entre el Padre, el Hijo y el Espíritu Santo en la cruz, constituye la base de nuestra reconciliación. Ninguna otra relación ha sufrido más que la que experimentaron el Padre, el Hijo y el Espíritu Santo cuando Jesús colgó de la cruz y gritó: «Dios mío, Dios mío, ¿por qué me has desamparado?» (Mateo 27:46). Jesús estuvo dispuesto a ser el Hijo rechazado para que nuestras familias conocieran la reconciliación. Jesús estuvo dispuesto a ser el amigo abandonado para que pudiéramos tener amistades amorosas. Jesús estuvo dispuesto a ser el Señor rechazado para que pudiéramos vivir en amorosa sumisión los unos a los otros. Jesús estuvo dispuesto a ser el hermano abandonado para que pudiéramos tener relaciones piadosas. Jesús estuvo dispuesto a ser el Rey crucificado para que nuestras comunidades experimentaran la paz.

En su vida, muerte y resurrección, Jesús trajo la reconciliación de dos maneras fundamentales. Jesús nos reconcilió con Dios, lo que se convierte en el fundamento de la forma en que nos reconcilia entre nosotros. Como dijo C. S. Lewis: Cristo restaura lo primero para que lo segundo no se suprima, sino que aumente. Cuando Dios reina en nuestros corazones, la paz reina en nuestras relaciones.

Esta obra solo se completará en el cielo; pero hay mucho de lo que podemos disfrutar ahora. El Nuevo Testamento ofrece la esperanza de que nuestras relaciones puedan caracterizarse por cosas como la humildad, la amabilidad, la paciencia, la honestidad edificante, la paz, el perdón, la compasión y el amor. ¿¡No es maravilloso que la gracia de Dios pueda hacer esto posible, incluso para los pecadores en un mundo caído!? Esta esperanza desafía cualquier complacencia y desánimo que podamos tener sobre nuestras relaciones, porque siempre hay más crecimiento, paz y bendición que la gracia de Dios puede traer, incluso aquí en la tierra. La esperanza del evangelio nos llama a una santa insatisfacción en todas nuestras relaciones, incluso y especialmente, en aquellas que presentan no pocos, pero importantes problemas.

Nuestro objetivo y esperanza

Al leer este libro, ten en cuenta que nuestro objetivo es ser tan honestos como lo es la Biblia acerca de las relaciones. Si lo conseguimos, este libro se ajustará a tu experiencia. Además de ser honestos, esperamos ser tan positivos como lo es el evangelio sobre el potencial de las relaciones. Esto te dará el ánimo que necesitas para afrontar la gratificante pero difícil tarea de las relaciones redentoras. Si te preguntas: «¿Por qué molestarse?», la respuesta es: «Porque Dios lo hizo».

CAPÍTULO 3

SIN OPCIONES

En ese tiempo el hombre y la mujer estaban desnudos, pero ninguno de los dos sentía vergüenza.

GÉNESIS 2:25

Acabábamos de mudarnos a una nueva casa y estábamos lejos de estar asentados. La vida parecía complicada y caótica por todas partes. Nuestro horario parecía ridículamente exigente. Nuestros hijos tenían edades comprendidas entre los dos y los once años, y todos parecían desorientados. Las semanas pasaban tan deprisa que parecía que empezaba a ponerme los pantalones el lunes y no me subía la cremallera hasta el sábado.

Claro, teníamos un culto familiar cada mañana y una cena familiar bastante relajada por la noche. Nos dedicábamos a hacer cosas en familia, pero todo nos parecía una mezcolanza de obligaciones llena de estrés. Mi esposa y yo intentábamos pasar tiempo juntos como pareja, pero apenas comunicábamos algún entusiasmo por nuestra relación. Estábamos agotados y habíamos permitido que la irritación y la impaciencia se interpusieran entre nosotros.

Era el elegido para hacer una carrera nocturna a la tienda de comestibles porque, una vez más, teníamos poco que poner en los almuerzos de los niños para el colegio al día siguiente. Terminé de comprar y estaba esperando a que el semáforo se pusiera en verde para volver a casa, cuando empecé a pensar cómo sería estar soltero. Lo digo en serio. Estaba completamente abrumado y desanimado con las relaciones más importantes de mi vida, y me preguntaba cómo podría afrontar con éxito lo que tenía entre manos.

En cuanto se me pasó por la cabeza, ¡me horroricé! Quiero a mis hijos y tengo el privilegio de conocer a mi esposa y que me quiera. No querría vivir ni un segundo sin ellos. Pero en ese momento esas relaciones parecían tan difíciles y exigentes. Amaba a mi familia; pero aquella noche en el coche me encontré de frente con el muro de la realidad de las relaciones en un mundo caído.

Todo el mundo se ha topado alguna vez con ese muro llamado «¿Para qué molestarse con los demás?». Llegamos a puntos en nuestras relaciones en los que nos preguntamos si merecen la pena. Una esposa decide que ya no merece la pena abrirse a su marido. Un empleado va a trabajar, cierra la puerta y solo sale cuando llega la hora de irse a casa. Un adolescente llega de la escuela y se va a su habitación hasta que lo engatusan para que se una a la cena familiar. Es probable que alguien se haya dado de baja de un grupo pequeño esta semana porque pensó que no merecía la pena. Las reuniones familiares se reducen a personas que comparten el mismo espacio geográfico, pero desprovistas de cualquier relación significativa. La reunión de la iglesia se convierte en una formalidad con poco o ningún intento de compartir las vidas de los demás. Los vecinos conviven durante años, pero ninguno sabe nada significativo del otro.

¿Qué tienen en común todas estas personas y situaciones? Todas ellas se han enfrentado a la dificultad de relacionarse con personas imperfectas en un mundo roto, y han optado por abandonar. ¿Es esta una respuesta válida? ¿Está bien mantenernos al margen para no salir heridos y no herir a nadie más? ¿Qué hay de malo en ir a lo seguro?

Sin embargo, algo nos arrastra de nuevo a otras personas. Sabemos que somos menos que humanos cuando estamos solos. ¿Por qué el empleado que trabaja aislado se pregunta qué hacen los demás fuera de su oficina? ¿Por qué el adolescente siente celos cuando ve que sus padres prestan atención a su hermano o hermana cuando *él* tomó la decisión de dejarlos de lado? ¿Por qué la persona que eligió vivir apartada de los demás describe su experiencia en términos de «soledad»?

> **“Sabemos que somos menos que humanos cuando estamos solos.”**

Vivimos con esta tensión entre el aislamiento autoprotector y el sueño de relaciones significativas. ¿En qué punto del continuo te encuentras ahora mismo? ¿Te estás alejando de los demás por una herida reciente? ¿Te acercas a los demás porque has estado solo demasiado tiempo? ¿Qué tendencia observas en tu vida? ¿Tiendes al aislamiento o a la inmersión? ¿Tiendes a la independencia o a la codependencia? Cada decisión relacional que tomamos se mueve en una de estas direcciones. Estamos tentados a hacer que una relación sea menos o más de lo que debe ser. Sin un modelo bíblico que explique el lugar que deben ocupar las relaciones en tu vida, es probable que experimentes desequilibrio, confusión, deseos contradictorios y frustración general. Simplemente no sabes cómo navegar por el campo minado. Incluso las mejores relaciones pueden sorprenderte con los desafíos que presentan.

Dos extremos

Aunque la mayoría de nosotros no tendemos a vivir en ninguno de estos extremos, sí nos movemos en la dirección del aislamiento o la inmersión en todas nuestras relaciones:

‹Quiero estar a salvo›. (Aislamiento) ⟷ ‹Te necesito para vivir›. (Inmersión)

Figura 3-1

El lugar que ocupamos en el continuo varía con cada relación, pero para la mayoría de nosotros, nuestros problemas tienden a agruparse en uno u otro extremo. En la mayoría de los casos, los problemas que tenemos en las relaciones tienden a encajar en uno de los tres perfiles relacionales.

La relación frustrada

En este caso, una persona avanza hacia el aislamiento, mientras que la otra avanza hacia la inmersión. Una sueña con estar a salvo; la otra, con estar cerca y en intimidad. Imaginemos que estas dos personas se preparan de forma tan diferente para unas vacaciones. La persona que busca el aislamiento mete en la maleta un montón de libros, mientras que la que busca la inmersión ¡llena la agenda de actividades para hacer juntos! ¿Qué se siente al vivir en este tipo de relación? El aislacionista se siente asfixiado; el inmersionista se siente rechazado. Como las expectativas de ambos por lo general se ven frustradas, la relación es una decepción perpetua. Cada uno piensa que su perspectiva y sus expectativas son justas y razonables, por lo que la decepción compartida acaba desembocando en enfado.

La relación enredada

Aquí ambas personas avanzan hacia la inmersión. Se suben a la montaña rusa de las emociones del otro. Como dependen tanto el uno del otro, pueden sentirse heridos fácilmente cuando el otro no satisface sus necesidades. Como sus expectativas sobre la relación son tan altas, tienden a vivir aislados de los demás. Si se fueran de vacaciones, pasarían juntos todo el tiempo que estuvieran despiertos. Aunque se podría pensar que expectativas similares conducirían a la paz y la armonía, en realidad producen más problemas, al menos en este tipo de relación. Como cada uno espera que el otro satisfaga unas expectativas relacionales muy altas, ambos se vuelven muy sensibles, se hieren con facilidad y se vuelven críticos. Gran parte de la energía de la relación se gasta en hacer frente a pequeñas ofensas, reales o percibidas. Cada uno se siente herido porque sus expectativas hacia la otra persona nunca se cumplen del todo. También se sienten desanimados porque, por mucho que se esfuercen, nunca parecen estar a la altura de las expectativas del otro. Este tipo de relación es agotadora porque el trabajo que requiere hace imposible la paz.

La relación aislada

Aquí ambas personas avanzan hacia el aislamiento. Cada persona es muy consciente de los peligros de las relaciones y opta constantemente por la seguridad. Las conversaciones son limitadas, seguras e impersonales. Tienden a evitar revelarse. Las vacaciones ideales para estos dos implicarían mucho tiempo a solas con una interacción mínima. Cada uno leería un libro diferente, inmerso en su propio mundo privado. Este tipo de relación es complicada porque el deseo de seguridad e independencia choca con el anhelo de relación. Porque son seres comunes hechos a imagen de Dios, ambas personas anhelan alguna forma de conexión, por pequeña que sea. Y aunque ambos desean seguridad, su deseo de tenerla los separa, haciendo que la relación resulte vacía y decepcionante.

En cada escenario hay un impasse relacional. En la relación frustrada, el movimiento se aleja del otro. En la relación enredada, el movimiento hacia el otro es tan extremo que resulta imposible satisfacer las expectativas. En la relación aislada, el movimiento hacia la seguridad impide una relación real.

> **Aunque las relaciones no son intrínsecamente peligrosas, las expectativas que les aportamos pueden serlo.**

¿Te reconoces en alguno de estos perfiles? Aunque todas las relaciones son únicas, probablemente veas cualidades que caracterizan tus relaciones hasta cierto punto. (Probablemente también puedas pensar en relaciones entre otras personas que se ajusten a una o más de estas descripciones). Lo interesante de cada perfil es que cada uno es una relación desequilibrada, porque cada persona tiende a hacer demasiado o demasiado poco de la relación. Los aislacionistas llegan a la conclusión de que las relaciones son demasiado difíciles; no son necesarias y el esfuerzo no merece la pena. («No necesito las relaciones para ser yo»). En cambio, los inmersionistas están convencidos de que las relaciones son todo. («Sin relaciones, no soy nadie»). Estas conclusiones están arraigadas en el corazón y las expectativas de las personas. Cuando las cosas van mal en las relaciones, el problema suele empezar ahí. Así que, aunque las relaciones no son intrínsecamente peligrosas, las expectativas que tenemos de ellas sí pueden serlo. Por eso es importante preguntarse qué es lo que Dios quiere para este ámbito de nuestras vidas. Debemos preguntarnos: «¿Qué propósito pretende Dios que tengan las relaciones en mi vida? Como persona creada a su imagen, ¿cómo deberían ser mis relaciones?».

Nuestro Dios comunitario

Todos los libros sobre las relaciones de pareja plantean las mismas preguntas que nos hemos planteado hasta ahora. Pero, por desgracia, la mayoría responden solo desde una perspectiva horizontal. Pero si es cierto que las personas están hechas a imagen de Dios, lo primero que tenemos que hacer cuando hablamos de relaciones es plantearnos preguntas verticales. Comprenderás mejor la finalidad de las relaciones no examinando a los seres humanos, sino mirando a Dios. Miroslav Volf parte de Dios para llegar a una conclusión sobre la esencia del ser humano.

> Puesto que el Dios cristiano no es un Dios solitario, sino una comunión de las tres personas, la fe conduce al ser humano a la *communio* divina. Sin embargo, no se puede tener una comunión cerrada en sí misma con el Dios Trino (un «cuarteto», por así decirlo), pues el Dios cristiano no es una deidad privada. La comunión con este Dios es a la vez comunión con aquellos otros que en sí mismos han confiado en la fe al mismo Dios. De ahí que un mismo acto de fe coloque a la persona en una nueva relación con Dios y con todos los demás que están en comunión con Dios.[1]

[1] Miroslav Volf, *After Our Likeness: The Church as the Image of the Trinity* (Grand Rapids: Eerdmans, 1998), 173.

¿Te parece poco práctico e irrelevante? ¿Qué tiene que ver la doctrina de la Trinidad con mi relación con mi mujer o mi compañero de trabajo? La razón por la que parece chocante introducir a Dios y la teología en un debate sobre las relaciones humanas es que solemos malinterpretar la teología. Vemos la teología como un estudio sistemático del pensamiento religioso que tiene poco que ver con la vida cotidiana. Pero, bien entendida, la teología es la historia real de la relación de Dios con nosotros y de nuestra relación mutua vivida en un mundo roto. Según esta definición, «pienses» teológicamente o no, estás «haciendo» teología cada día en las decisiones que tomas, las palabras que dices, los sentimientos que tienes y las actitudes que alimentas en tu corazón. Todas estas respuestas están arraigadas en tu perspectiva sobre la naturaleza de Dios, de ti mismo, de tus relaciones y del mundo que te rodea. Estas «perspectivas» son teología porque informan y enmarcan la forma en que vives tu vida. La cuestión no es si eres teólogo, ¡sino qué tipo de teólogo eres!

Todas las personas reúnen una serie de «hechos» que consideran ciertos. Estos hechos funcionan como una lente que se utiliza para interpretar la vida y las relaciones. La Biblia es la única fuente fiable de estos hechos que interpretan la vida. El hecho supremo es la existencia de Dios. Puesto que fuimos hechos a semejanza de Dios, no podemos hablar de la naturaleza de las relaciones humanas sin pensar primero en la naturaleza de Dios. La historia bíblica nos presenta a un Dios que es tres personas en una. Esta es la base para comprender lo que significa estar hecho a imagen de Dios y ser plenamente humano. Juan 17:20-26 muestra el modo en que la Biblia conecta la naturaleza de Dios con la nuestra y su propósito para nosotros. Es aún más conmovedora la oración de Jesús por su pueblo cuando contempla su muerte.

> No ruego solo por estos. Ruego también por los que han de creer en mí por el mensaje de ellos, para que todos sean uno. Padre, así como tú estás en mí y yo en ti, permite que ellos

> también estén en nosotros, para que el mundo crea que tú me has enviado. Yo les he dado la gloria que me diste, para que sean uno, así como nosotros somos uno: yo en ellos y tú en mí. Permite que alcancen la perfección en la unidad, y así el mundo reconozca que tú me enviaste y que los has amado a ellos tal como me has amado a mí.
>
> Padre, quiero que los que me has dado estén conmigo donde yo estoy. Que vean mi gloria, la gloria que me has dado porque me amaste desde antes de la creación del mundo.
>
> Padre justo, aunque el mundo no te conoce, yo sí te conozco, y estos reconocen que tú me enviaste. Yo les he dado a conocer quién eres, y seguiré haciéndolo, para que el amor con que me has amado esté en ellos, y yo mismo esté en ellos».

Cuando Jesús mira hacia atrás en su ministerio público y todo lo que estaba destinado a lograr, y hacia adelante, hacia la cruz y todo lo que estaba destinado a producir, ¡su atención se centra en la comunidad! De todas las cosas por las que Cristo podía rezar en ese momento, reza por la unidad de su pueblo. Consideremos los supuestos que constituyen la base de la oración de Cristo y el marco para las relaciones.

Dios es la única comunidad del universo que funciona correctamente

Mientras Jesús comulga con el Padre, reflexiona sobre la relación que Padre, Hijo y Espíritu han mantenido por toda la eternidad. Anhela que su pueblo experimente lo mismo en nuestra comunidad con Dios y los unos a los otros. Las palabras de Cristo se hacen eco de las realidades presentes en el relato del Génesis sobre la creación de la humanidad. Como dice Anthony A. Hoekema: «Lo primero que nos llama la atención al leer Génesis 1:26 es que el verbo principal está en plural cuando Dios dijo: "Hagamos al ser humano"».[2] Se nos ofrece una visión de la comunidad divina cuando el Padre, el Hijo y el Espíritu se comprometen a crear la comunidad humana a imagen del Dios trino. Juan 17 aclara el designio divino de Génesis 1:26 al describir la unidad íntima que Dios pretende y sus propósitos. Aporta una visión del diseño y la función de Cristo para la Iglesia. Dios sabe cómo ayudarnos en nuestras luchas con la comunidad porque Él es una comunidad.

La Trinidad es el único modelo adecuado de comunidad humana

Cuando Jesús reflexiona sobre el propósito de Dios para la comunidad humana, el único modelo adecuado que puede encontrar es la comunidad entre el Padre, el Hijo y el Espíritu. En esencia, está diciendo: «Padre, el único ejemplo de la comunidad que hemos diseñado para nuestro pueblo es la comunidad que hemos experimentado juntos». Cuando nuestras relaciones no funcionan como fueron diseñadas, podemos recurrir a este modelo.

¿Te sorprende que Dios se presente como modelo de comunidad humana? Puede ser, porque tendemos a pensar en Dios como un individuo. Aunque Dios es uno, la Biblia también dice que existe en tres personas.

La enseñanza bíblica de la Trinidad es muy práctica para las relaciones, ya que Dios mismo es un modelo de comunidad amorosa, cooperativa y unificada en la que la diversidad es una ventaja, no un inconveniente. Si Dios nos está haciendo a su semejanza, podemos estar seguros de que nos dará la gracia de vivir así en comunidad unos con otros.

> **“La enseñanza bíblica de la Trinidad es muy práctica para las relaciones.”**

[2] Anthony A. Hoekema, *Created in God's Image* (Grand Rapids: Eerdmans, 1986), 12. Aunque hay otros aspectos de lo que significa para la humanidad ser a imagen de Dios, en este pasaje se hace hincapié en Dios como comunidad divina que crea una comunidad humana.

Las personas hechas a semejanza de Dios fueron creadas para la comunidad

La oración de Cristo refleja la palabra de Dios en Génesis 2:18 al contemplar su gloriosa creación antes de la caída: «No es bueno que el hombre esté solo». La comunidad humana no era solo el plan de Cristo para sus discípulos; era también el plan de Dios para todas las personas desde el principio. Aunque seamos personas defectuosas en relaciones defectuosas, hemos sido creados para ser seres sociales. La comunidad con los demás no es solo un deber; es un aspecto de nuestra humanidad.

Dios tiene un doble propósito para la comunidad humana: el crecimiento personal y el testimonio al mundo

La oración de Cristo es que su pueblo crezca y refleje su gloria a un mundo que lo observa. El principal defecto de los tres tipos de relaciones descritas anteriormente es que cada una de ellas se rige por deseos personales y no por los designios de Dios. Al convivir, debemos tener siempre presente el objetivo más amplio de la gloria de Dios. Nuestras relaciones no deben guiarse por lo que queremos, sino por lo que Dios quiere.

El egocentrismo del pecado nos aleja de Dios y de los demás

Jesús no estaría rezando por nosotros y avanzando hacia la cruz si pudiéramos fabricar este tipo de comunidad por nosotros mismos. En Juan 17:17, ora por nuestro crecimiento. El punto de partida de Cristo es el mismo que el del apóstol Pablo en 2 Corintios 5:14-15: que el pecado nos hace ensimismarnos, alejándonos de la gracia de Dios y de los demás: «El amor de Cristo nos obliga, porque estamos convencidos de que uno murió por todos, y por consiguiente todos murieron. Y él murió por todos, para que los que viven ya no vivan para sí, sino para el que murió por ellos y fue resucitado». La noche en que imaginé la soltería reveló un egoísmo escandaloso en mí. Quería que la vida fuera cómoda, predecible y fácil. Quería eso porque pensaba que sería lo mejor para mí.

La verdadera comunidad humana solo surge de la comunión con Dios

El lenguaje de Jesús en este punto es sorprendente. Nos da la bienvenida a esta comunidad divina con el Padre, el Hijo y el Espíritu, para que podamos experimentar la comunidad unos con otros. Aquella tarde, en el estacionamiento del supermercado, mi problema no era solo que no amaba a mi familia como debía. Mi problema era que no amaba a Dios como debía. Eso debilitó mi amor por mi familia. Mi pánico era algo más que estar abrumado por mis responsabilidades; revelaba una falta de confianza en Dios. No podemos avanzar hacia la comunidad con los demás hasta que no nos hayamos sentido atraídos hacia la comunidad con Dios. La imagen aquí es la de dos círculos concéntricos de relación en lugar de dos círculos separados. El círculo de la comunidad humana solo puede prosperar dentro del círculo más amplio de la comunidad con Dios. Jesús reza para que sepamos que el amor del Padre por nosotros es el mismo que su amor por Jesús (Juan 17:23). ¡Vaya bienvenida a la comunidad divina!

Piénsalo como se ilustra en la Figura 3-2.

Figura 3-2

La resolución de Cristo confirma el compromiso contraído por el Padre, el Hijo y el Espíritu antes de la creación del mundo

Jesús no está fabricando una idea nueva para las relaciones humanas o la Iglesia. Su oración refleja lo que siempre ha sido el designio de Dios. Me había desanimado como padre y esposo porque había perdido de vista el diseño de Dios. Las personas hechas a semejanza de Dios solo reflejarán esa semejanza y esa gloria cuando vivan en una comunidad comprometida. Cuando Jesús mira hacia la cruz y la derrota definitiva del pecado, sabe que su muerte y resurrección no solo reconciliará a los pecadores individuales con Dios, sino también a los pecadores individuales entre sí. La muerte y resurrección de Jesús crean una comunidad totalmente nueva que alcanzará su plena expresión en la eternidad (véase Efesios 2:11-22).

Dios habitará en comunidad con su pueblo para que puedan conocer la comunidad entre sí

Mientras Jesús reza, sabe que la culpa del pecado nos separa de Dios y de los demás. Por eso va a la cruz. Pero también es consciente de que la presencia continua del pecado hará imposible vivir en comunidad si no se nos da poder de forma continua. Juan 17:22 es significativo porque la gloria de la que habla Jesús es la gloria del Espíritu Santo, que le permitió ejercer su ministerio en un mundo caído. Él nos da esta misma gloria-Espíritu a nosotros, porque sin el Espíritu no podemos hacer nada.

Aquella noche en mi coche, no había medido correctamente mi potencial. Mi potencial para tener éxito en lo que Dios me había llamado a hacer no se basaba en mi historial ni en mis responsabilidades. Estaba ligado a la gracia que se me había dado en Cristo. Jesús me daría todo lo que necesitaba para vivir con mi familia. Jesús enfrentó lo impensable para que yo tuviera el poder de vivir en relaciones de amor.

¿Te das cuenta de lo que ocurre aquí? Mientras Jesús reza al Padre por la creación de una nueva comunidad humana, anticipa lo que sucederá con su propia relación con el Padre al morir para cargar con los pecados de su pueblo. Su grito en la cruz, «Dios mío, Dios mío, ¿por qué me has abandonado?», es un grito de ruptura de la comunión entre los miembros de la Trinidad. La perfecta y eterna relación de amor entre el Padre, el Hijo y el Espíritu se desgarró para permitirnos ser restaurados con Dios y reconciliados entre nosotros.

La imagen de Dios es una comunidad

Cuando observas las distintas etapas de la vida de una persona, ¿qué observas? Dependemos de nuestras madres desde el momento de la concepción. Nada más nacer, necesitamos los cuidados de nuestra familia para sobrevivir. Incluso cuando nos volvemos más autosuficientes, seguimos buscando compañía humana. En la adolescencia deseamos la aceptación de nuestros iguales y empezamos a sentir la atracción hacia relaciones más profundas, duraderas y comprometidas. Como adultos, vivimos en una serie de comunidades que se entrecruzan: la familia, la iglesia, el vecindario y el trabajo. A medida que envejecemos, echamos la vista atrás y recordamos el entramado de relaciones que hemos tenido. Nuestros recuerdos más entrañables y nuestras heridas más profundas tienen que ver con las relaciones. Por último, uno de nuestros momentos más tristes es cuando la muerte nos arrebata a un ser querido.

> **“Solo cuando los seres humanos vivimos en comunidad reflejamos plenamente la semejanza de Dios.”**

¿Qué demuestra este examen de la vida de una persona? A pesar de que somos personas egoístas en un mundo caído, nuestras vidas siguen revelando la semejanza con Dios. Dios es una comunidad y nosotros, como creación suya, reflejamos esta cualidad. Es más, Él nos lleva a la comunidad y pone en nosotros el deseo de comunidad. En última instancia, nunca podremos escapar a nuestra naturaleza esencial, lo que Dios nos ha diseñado para ser. Esta característica relacional es fundamental para lo que somos; nos lleva a hacer grandes actos de bondad y grandes males. Así lo demostraron el terrorismo y el heroísmo que tuvieron lugar simultáneamente el 11 de septiembre de 2001. El odio de una comunidad hacia otra condujo a la muerte y la destrucción; pero el amor que otras personas sentían por su comunidad produjo actos asombrosos de valentía, bondad y abnegación.

¿Qué nos dicen todos estos datos bíblicos y experienciales? Que no se puede hablar de seres humanos hechos a imagen de Dios sin hablar de las relaciones. Sin embargo, a menudo es lo primero que pasamos por alto. Solo cuando los seres humanos vivimos en comunidad reflejamos plenamente la semejanza de Dios.

¿Niegas tu humanidad?

¿Son las relaciones opcionales para ti? Los argumentos de la Escritura y de la vida cotidiana dicen: «¡Absolutamente no!». Si mi identidad como ser humano está ligada a la comunidad, entonces negarla, evitarla, escapar de ella, abusar de ella, explotarla o destruirla es negar mi propia humanidad. Niegas tu humanidad cada vez que evitas a alguien, cuando te enfadas con tus hijos, cuando optas por el aislamiento en lugar de afrontar tu dolor, cuando explotas a otro ser humano o cuando das paso a la intolerancia. Santiago 3:9 dice: «Con la lengua bendecimos a nuestro Señor y Padre, y con ella maldecimos a las personas, creadas a imagen de Dios». Cada vez que maldices a otra persona, estás destruyendo aquello para lo que ambos fueron creados: comunidad moldeada por Dios. En última instancia, estás maldiciendo al Dios que hizo a la persona, lo que significa que no solo has negado la humanidad de otra persona, sino también la tuya.

Por el contrario, cada vez que te acercas a alguien con compasión, afirmas tu humanidad. Lo haces cada vez que te preocupas por la historia de otra persona tanto como por la tuya propia, buscas o concedes el perdón, o actúas como pacificador. Cada vez que afirmas la humanidad de otro, honras al Creador que los hizo a ambos. Debido a la coexistencia del pecado y la gracia, todos cambiamos entre la negación y la afirmación de nuestra humanidad. En un momento estás consolando a tu hijo y al siguiente estás chismeando por teléfono. En un intento de servir a alguien, discutes con tu cónyuge sobre ¡la mejor manera de llevar a cabo tu buena obra!

Juan Calvino dijo: «Porque los errores nunca pueden ser desarraigados de los corazones humanos hasta que un verdadero conocimiento de Dios sea plantado en ellos».[3] Si hay problemas en tus relaciones, la solución comienza con Dios. Por lo regular, empezamos por lo que queremos. Pero comenzar con uno mismo y sus propios deseos y necesidades te llevará a chocar con otra persona que está haciendo lo mismo. Eso condenará la relación.

Solo cuando empezamos con Dios —alguien más grande que nosotros mismos— podemos escapar de los resultados destructivos de nuestro propio egoísmo. Las relaciones humanas son más satisfactorias cuando entramos en ellas no solo para complacernos a nosotros mismos o incluso a la otra persona, sino para complacer a Dios. El círculo de la comunidad humana solo es saludable cuando existe dentro del círculo más amplio de la comunidad con Dios.

[3] Juan Calvino, *The Institutes of the Christian Religion*, Vol.1 (Filadelfia: Westminster Press, 1960), 73.

CAPÍTULO 4

PECADO

Al ver el Señor que la maldad del ser humano en la tierra era muy grande, y que todos sus pensamientos tendían siempre hacia el mal, se arrepintió de haber hecho al ser humano en la tierra, y le dolió en el corazón.

GÉNESIS 6:5-6

Kristin y Shane eran amigos desde la escuela primaria. En la educación secundaria y el bachillerato empezó a florecer algo más que una amistad. Aunque acabaron en universidades diferentes, seguían siendo muy amigos y pasaban juntos al menos tres fines de semana al mes.

No tardaron en empezar a hablar de matrimonio. Se sentían muy afortunados de casarse con alguien que había sido su amigo desde la infancia. Los años de universidad pasaron volando y poco después de graduarse se casaron. Estaban deseando pasar el resto de sus vidas juntos.

Shane y Kristin consiguieron buenos trabajos y compraron una bonita casa en un barrio que les encantaba. Sus días eran ajetreados, pero las noches juntos eran maravillosas. Siempre esperaban con impaciencia el *brunch* de los sábados en el café bohemio de la calle de abajo. Parecía que estaban viviendo su sueño cuando, inesperadamente, Kristin empezó a sentirse mal. Su médico le dio la sorprendente noticia de que estaba embarazada. Había intentado ser tan cuidadosa. Esto no formaba parte del plan. ¿Qué diantres le diría a Shane?

Kristin temía ver a Shane y responder a la pregunta que seguramente le haría. Quería que él se mostrara comprensivo, tal vez incluso emocionado, pero sabía que era poco probable. Esa conversación fue un punto de inflexión en su relación. Shane estaba muy molesto porque Kristin «no había sido más cuidadosa». Kristin estaba destrozada porque Shane la culpara del embarazo y tratara al bebé como una enfermedad. Además, Kristin y Shane necesitaban desesperadamente sus ingresos; pero si ella seguía tan enferma como hasta entonces, no podría trabajar por mucho tiempo. Shane estaba desanimado, Kristin estaba enferma y su situación económica era cada vez más precaria.

Sus luchas pronto empezaron a erosionar su relación. Shane se sintió amargado y frustrado. Se había criado en una familia bien administrada y económicamente estable. Le irritaba que se hubieran metido en semejante aprieto. A Kristin le dolía que su mejor amigo pareciera ahora su peor enemigo. Juntos se preguntaban cómo su matrimonio se había convertido en un desastre.

En medio del lío

Tu mejor relación, independientemente de con quién sea, es complicada. Detente por un momento a pensar en tu relación más satisfactoria. (Si estás teniendo dificultades, eso demuestra nuestro punto). Hazte estas sencillas preguntas sobre esa relación:

¿Te has sentido alguna vez incomprendido?

¿Alguna vez te has sentido herido por lo que ha dicho la otra persona?

¿Te has sentido alguna vez como si no te hubieran escuchado?

¿Te han traicionado alguna vez?

¿Alguna vez has tenido que solucionar un malentendido?

¿Alguna vez has estado en desacuerdo sobre una decisión?
¿Has guardado tú o la otra persona alguna vez rencor?
¿Ha experimentado alguna vez la soledad incluso cuando las cosas van bien?
¿Te han defraudado alguna vez?
¿Has dudado alguna vez del amor de la otra persona?
¿Ha dudado alguna vez la otra persona de su compromiso?
¿Has luchado alguna vez por resolver un conflicto?
¿Alguna vez has deseado no tener que dar o servir a alguien?
¿Te has sentido alguna vez utilizado?
¿Has pensado alguna vez: *Si lo hubiera sabido...*?

¿Estas preguntas revelan luchas y tentaciones subyacentes en tu mejor relación? En nuestro caso, nuestras mejores relaciones son con nuestras esposas (lo cual es ideal, pero no siempre es así). Ambos llevamos muchos años casados y consideramos que nuestros matrimonios son fuertes y cariñosos. Estamos casados con mujeres a las que respetamos mucho, y nuestros matrimonios se han beneficiado de la sabiduría y la gracia de Dios. Aun así, ambos podríamos responder «sí» a cada una de las preguntas anteriores, y estamos seguros de que nuestras esposas dirían lo mismo.

«La Biblia asume que las relaciones de este lado de la eternidad serán complicadas y requerirán dedicación.»

No es difícil entender la pregunta de Santiago en Santiago 4:1: «¿De dónde surgen las guerras y los conflictos entre ustedes?». Tu experiencia en las relaciones es de ayuda para entender por qué la Biblia incluye tantos mandatos y exhortaciones a ser paciente, amable, perdonador, compasivo, gentil y humilde. La Biblia asume que las relaciones de este lado de la eternidad serán complicadas y requerirán dedicación. Si esto se aplica a nuestras mejores relaciones, ¡cuánto más se aplica a las relaciones más difíciles!

Dentro, fuera, y al revés

Es tentador observar los problemas en nuestras relaciones y localizar el problema fuera de nosotros mismos. Y es cierto: ¡la otra persona *es* intrínsecamente débil y pecadora! Por desgracia, nosotros también lo somos. Santiago 4:1 (junto con el resto de las Escrituras) nos recuerda que nuestro verdadero problema está dentro de nosotros. Todos hemos tomado la decisión de darle vuelta a las cosas. Lo que queremos, para nosotros y para los demás, llega a ser más importante que Dios mismo. Hemos hecho de nosotros lo definitivo y de Dios algo secundario. La Biblia llama a esto pecado, ya que rechazamos el legítimo gobierno de Dios sobre nosotros y decidimos convertirnos en nuestro propio gobernante. Cuando hacemos esto, nuestros deseos egoístas van a gobernar nuestras relaciones, lo que conduce a problemas, conflictos y decepciones con los demás.

El apóstol Pablo describe su mayor problema como un problema interno en Romanos 7:21-25:

> Así que descubro esta ley: que, cuando quiero hacer el bien, me acompaña el mal. Porque en lo íntimo de mi ser me deleito en la ley de Dios; pero me doy cuenta de que en los miembros de mi cuerpo hay otra ley, que es la ley del pecado. Esta ley lucha contra la ley de mi mente, y me tiene cautivo. ¡Soy un pobre miserable! ¿Quién me librará de este cuerpo mortal? ¡Gracias a Dios por medio de Jesucristo nuestro Señor!
>
> En conclusión, con la mente yo mismo me someto a la ley de Dios, pero mi naturaleza pecaminosa está sujeta a la ley del pecado.

Pablo utiliza cuatro términos útiles para describir su experiencia:

1. El término *ley* explica un principio ineludible que actúa en su vida. Ese principio es como la gravedad: no se puede elegir ser libre de su influencia. Hasta que no seas

finalmente liberado del poder y la presencia del pecado, nunca escaparás de tu propio pecado en las relaciones.
2. El término *lucha* ilustra la batalla siempre presente en el interior de Pablo. Este conflicto interior, entre el deseo de hacer lo correcto y el poder del pecado, sigue vigente.
3. El término *cautivo* describe la experiencia del pecador redimido. ¿Alguna vez has querido hacer lo correcto, pero en lugar de eso fuiste arrastrado al pecado? Te has dicho a ti mismo: *¡No puedo creer que lo haya vuelto a hacer!* Esto es lo que se siente al ser un prisionero. Un prisionero ha perdido su libertad.
4. La palabra *librará* es una palabra dramática que a menudo se pasa por alto en estos versículos, aunque a la luz de las tres palabras anteriores, debería brillar aún más. Cuando necesitas ser liberado, significa que estás desesperado sin ayuda externa.

Estas cuatro palabras significan que nuestro mayor problema está dentro de nosotros y que no podemos arreglarlo solos. La evaluación que hace Pablo de la lucha contra el pecado es aleccionadora, pues llama nuestra atención sobre su impacto en nuestras relaciones. El pecado nos afecta de seis maneras básicas.

> **Dado que las relaciones consisten en estar centradas en el otro, el egocentrismo del pecado inevitablemente subvertirá el diseño de Dios.**

Egocentrismo

Cuando rechazas a Dios, creas un vacío que busca ser llenado. El pecado te llevará instintivamente a llenarlo contigo mismo. Cuando las cosas se pusieron difíciles para Kristin y Shane, inmediatamente adoptaron por defecto la postura de «¿Qué es lo mejor para mí?», en lugar de tener la perspectiva de «¿Qué está haciendo Dios en nosotros y a través de nosotros?». Dado que las relaciones consisten en estar centradas en el otro, el egocentrismo del pecado inevitablemente subvertirá el diseño de Dios. Y como ambas personas estarán luchando con lo mismo, es fácil ver los conflictos que pueden y van a resultar. («Pensé que era importante para ti» vs. «Solo trataba de proteger mis derechos»).

Autogobierno

Cuando el gobierno sabio y amoroso de Dios sobre ti se sustituye por el autogobierno, los demás se convierten en tus súbditos. Se espera que cumplan tus órdenes y se sometan a tu control. ¿Cómo responden Kristin y Shane el uno al otro en las dificultades? Toman el control. Shane intenta dominar a Kristin con críticas y exigencias; Kristin intenta controlar a Shane con el aislamiento y el silencio. Pero como se supone que las relaciones son gestionadas entre dos personas igualmente sometidas a Dios, la búsqueda del autogobierno siempre causará estragos. («Si me amaras de verdad, harías las cosas que me agradan»).

> **Cuando la santidad de Dios no es tu estándar personal de lo que es bueno, verdadero y correcto, siempre te pondrás a ti mismo por encima de ese estándar.**

Autosuficiencia

Cuando rechazas a Dios, te crees el engaño intoxicante, pero venenoso, de que no eres dependiente. En el caso de Kristin y Shane, el problema no son solo las circunstancias inesperadas a las que se enfrentan. Estas son difíciles, pero Dios no los ha dejado solos. Les ha dado a Él mismo y el uno al otro. Sin embargo, al distanciarse entre ellos, se están alejando de uno de los principales medios que Dios les ha proporcionado. Si no te das cuenta de que dependes de Dios, es poco probable que dependas humildemente de los demás. Las relaciones se construyen mejor sobre una dependencia mutua y piadosa. El acto redentor de dar y recibir, que Dios utiliza para manifestar su amor por nosotros, falta cuando prevalece la independencia. («Si necesito tu ayuda, te la pediré. Me gusta nuestra amistad; lo que no me gusta es tu ayuda»).

Justicia propia

Cuando la santidad de Dios no es tu estándar personal de lo que es bueno, verdadero y correcto, siempre te pondrás a ti mismo por encima de ese estándar. Esto es lo que les pasó a Kristin y Shane. Cada uno piensa que es más justo que el otro. Cada uno es muy consciente del pecado del otro y trabaja duro para que el otro también lo vea. Mientras tanto, ninguno de los dos mira su propio corazón, no reconoce su debilidad personal y su pecado y no busca la ayuda que solo Jesús puede proporcionarle. Este enfoque invariablemente te llevará a desarrollar una visión inflada de ti mismo y, necesariamente, a una visión excesivamente crítica de los demás. Las relaciones piadosas florecen mejor entre dos personas humildes que reconocen sus debilidades, sus pecados y su necesidad de gracia. La persona farisaica que niega su propia necesidad no será un canal de gracia para los demás. («Después de todo lo que he hecho por ti, ¡¿así es como me tratas?!»).

Autosatisfacción

Cuando te convences a ti mismo de que la satisfacción y la plenitud se pueden encontrar aparte de Dios, puedes moverte en dos direcciones diferentes. Kristin y Shane son culpables aquí. Kristin ha reemplazado (con sus amigas) la comunidad que Dios quiere que tenga con Shane. Shane ha puesto sus energías y esperanzas en su trabajo. Ninguno de los dos está invirtiendo en la relación que una vez amaron. Observa aquí la dinámica. Si encuentras satisfacción en las cosas materiales, te desinteresarás de las relaciones o las usarás para conseguir lo que quieres. Si encuentras satisfacción en las personas, utilizarás las relaciones para tu propia felicidad. («Esto no es lo que esperaba de esta relación. Si hubiera sabido que esto iba a pasar, nunca habría empezado»).

Autodidacta

Cuando eres tu propia fuente de verdad y sabiduría, renuncias al espíritu humilde y a la disposición de aprender, que es vital para una buena relación. Siempre serás el mentor en tus relaciones y darás la impresión de que tienes poco o nada que aprender de los demás. («¡No necesito que me digas lo que tengo que hacer!»). Lo sorprendente de la historia de Kristin y Shane es lo rápido que dejaron de escucharse el uno al otro.

> **Cuando el amor a Dios es reemplazado por el amor a uno mismo, vemos a las personas como obstáculos que entorpecen nuestros objetivos o como vehículos que los promueven.**

La figura 4-1 resume los efectos que este tipo de pecados tienen sobre una persona y sus relaciones. Si te ves a ti mismo en muchas de estas categorías, no es inusual. Anímate: este diagnóstico, aunque difícil de digerir, puede conducir a un cambio real a medida que ves cuánto necesitas la gracia de Dios.

Porque el pecado nos lleva a estar ensimismados, hay una Kristin y un Shane en todos nosotros. Cuando el amor a Dios es reemplazado por el amor a uno mismo, vemos a las personas como obstáculos que entorpecen nuestros objetivos o como vehículos que los promueven. El egoísmo pecaminoso da vuelta los dos grandes mandamientos: en lugar de amar a Dios y utilizar sus dones para servir a los demás, amamos los dones y utilizamos a las personas para conseguirlos. Por ejemplo, los padres que ansían una buena reputación ven a sus hijos como herramientas para conseguirla. Los cónyuges que ansían intimidad manipulan a sus parejas para conseguirla. Las personas que ansían el éxito ven a los demás como un medio o una amenaza para sus objetivos. Las personas que anhelan la comodidad se entusiasman con las relaciones fáciles y se molestan con las difíciles. Las personas que ansían el control se sienten amenazadas por la fuerza y se inclinan por la debilidad. Las personas que anhelan lo material rehúyen las relaciones que les impiden conseguirlo.

¿Ves lo que ocurre cuando algo que no es el Dios vivo gobierna tu corazón? No hay forma de eludir la profunda verdad de

	Lo que busca/ Desea	Costo admisible	Pesadilla / Temor	Experiencias de otros	Indicador emocional / Acción
Egocentrismo	Atención, aprobación	Sacrificar control e independencia	Rechazo, no ser reconocido o afirmado	Se sienten usados, minimizados, asfixiados	Ansiedad, necesidad
Autogobierno	Estar en lo correcto, en control	Sacrificar intimidad y unidad	Ser mal visto, dependiente	Se sienten coaccionados, manipulados	Enojo
Autosuficiencia	Independencia, tiempo a solas	Sacrificar la intimidad, la comunidad de ayuda mutua	La dependencia y la necesidad de los demás	Se sienten ignorados, no apreciados	Frialdad, distanciamiento
Justicia propia	Estar en lo correcto ante los ojos de los demás	Sacrificar las relaciones que reten o confronten	Ser mal visto, culpable o condenado	Se sienten cuestionados, condenados o rechazados	Agresividad, argumentativo
Autosatisfacción	Placer (autodeterminado)	Sacrificará la comunidad si resulta inconveniente	Interfieren con su placer personal	Se sienten como objetos, no compañeros	Controlador, exigente, insatisfecho
Autodidacta	Una plataforma para la opinión propia	Sacrificará crecer juntos si no están de acuerdo	Dictar lo que se tiene que pensar, decir o hacer	Se sienten tratados con desdén e insolencia	Dominante, obstinado

Figura 4-1

Santiago 4:1. Cuando las cosas que quieres se vuelven más importantes que Dios, tus relaciones sufren. Incluso cuando haces que las *relaciones* sean más importantes que Dios, ¡tus relaciones sufren! Esto es lo que hace el pecado. Nos ciega a nuestra dependencia de Dios, nos encierra en nosotros mismos y nos hace temer o explotar frente a los demás.

En el capítulo 2 dijimos que el círculo de las relaciones humanas solo podía existir dentro del círculo más amplio de la comunidad con Dios. En este contexto, todas las relaciones están marcadas por la lealtad a Dios, prosperan y crecen. Sin embargo, el pecado sitúa a la comunidad humana en el contexto de la lealtad a otros dioses (comodidad, control, cosas materiales, poder, éxito, aprobación). Esto altera radicalmente la agenda que tenemos para otras personas. En este contexto, mi afecto por otras personas nunca es un fin en sí mismo, sino un medio para un fin: conseguir lo que quiero.

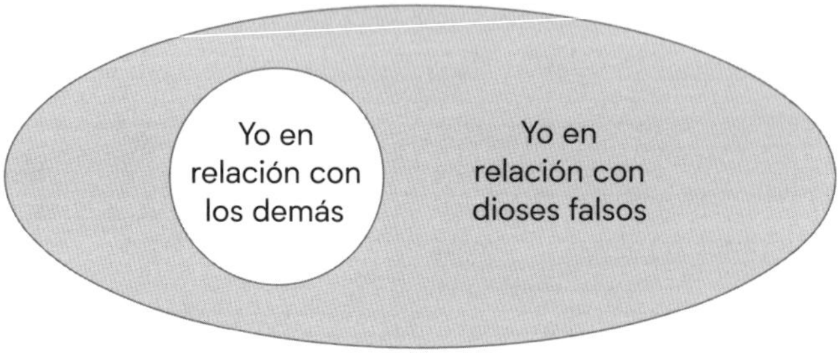

Figura 4-2

¿Qué pasa con las cosas malas que la gente me hace?

Es una pregunta justa. No solo es justa, sino también buena y sabia. Lo que hemos dicho hasta ahora puede dar la impresión de que tus relaciones solo se ven perjudicadas por tu pecado. Pero la Biblia es un libro muy realista. Toma en cuenta que tú también pecas. Como Shane, a veces eres el victimario y necesitas lidiar con tu pecado. Y como Kristin, a veces eres la víctima. Y hay momentos en los que ¡eres ambos! Sin duda, el victimario necesita enfrentarse a su pecado; pero la víctima sigue siendo responsable de su respuesta al pecado cometido contra ella.

La Biblia está llena de ejemplos que tratan con honestidad la victimización, desde el asesinato de Abel en Génesis 4 hasta la persecución de la Iglesia en el Apocalipsis. Hay innumerables historias de personas que pecan unas contra otras. El Nuevo Testamento está lleno de exhortaciones que nos llaman a ejercitar la paciencia, la tolerancia y la compasión, a revocar la venganza y la ira, perdonar a los demás y amar a nuestros enemigos. La Biblia menciona estas cosas porque Dios sabe que pecarán contra nosotros con frecuencia. Aquí en la tierra, siempre seremos pecadores relacionándonos con otros pecadores.

Por lo tanto, incluso cuando se comete pecado en contra nuestra, somos responsables de cómo reaccionamos. Esta es la única manera en que podemos revertir el poder destructivo del pecado en una relación. Miqueas 6:8 nos orienta sobre nuestras reacciones ante el pecado: «¡Ya se te ha declarado lo que es bueno! Ya se te ha dicho lo que de ti espera el Señor: Practicar la justicia, amar la misericordia, y humillarte ante tu Dios». ¿Por qué sería necesaria esta instrucción si no presupuso que vamos a pecar? Esto es importante, ya que todos tendemos a pecar en respuesta a los pecados cometidos contra nosotros. ¡Solemos añadir problemas a nuestros problemas! Estas son algunas de las formas típicas en que lo hacemos:

Confieso el pecado que me hiciste con amargura. *¡No puedo creer que me haya hecho eso!*

Confieso el pecado que me hiciste a otra persona como un chisme. ‹¡Déjame decirte lo que me hizo!›.

Confieso tus pecados a Dios, buscando venganza. ‹Dios, ¿cuándo vas a hacer algo con la persona que me hizo daño?›.

Confieso el pecado que me hiciste con ira. ‹¿Cómo te atreves a hacerme tal cosa?›.

Cuando se trata de los pecados que otros cometen contra nosotros, tendemos a comunicarlos de forma destructiva. Esto es un error, y nos lleva a pensar que nuestro mayor problema está fuera de nosotros mismos. La Biblia nos recuerda que, en última instancia, cuando se peca contra nosotros, el mayor problema delante de Dios es la propensión de nuestro propio corazón a pecar. Incluso cuando nuestros corazones han sido horriblemente dañados por los pecados de otro, debemos protegerlos para evitar ser absorbidos por la destructividad del pecado. Ser víctimas del pecado nos tienta a pecar, por lo tanto, nuestra necesidad de Cristo es tan grande cuando se peca contra nosotros como cuando pecamos. Las llamadas a la paciencia, la humildad, el perdón y la mansedumbre no son llamadas a la pasividad. Dios te llama a responder, pero como él lo prescribe. Guardar rencor, amargarse, orar por venganza y chismorrear no son métodos que Dios honre. Cuando haces «responsable» al agresor, pero no con un espíritu de humildad, paciencia y compasión, acabas pervirtiendo la misma justicia que buscas.

Hay gracia para esta lucha

¿Te resulta difícil leer este capítulo sin sentirte abrumado por el desorden de las relaciones? Tal vez estés diciendo: «¡Encuéntrame una isla donde pueda vivir solo!». ¿Qué impedirá que Kristin y Shane vayan allí? ¿Qué les dará esperanza para volver a acercarse el uno al otro en un amor paciente? Hemos dicho que algunas de las peores y mejores experiencias de la vida ocurren en las relaciones. Hemos hablado largo y tendido sobre las razones detrás de las peores experiencias. Pero ¿por qué algunas de tus mejores experiencias se han producido en el mismo contexto? ¿Te has preguntado alguna vez por qué has tenido *buenas* relaciones?

Cada buena relación que tenemos es un don de la gracia de Dios. Si lo dejáramos a nosotros mismos, nada bueno sucedería. La gracia de Dios es la razón por la que una madre que lucha con el egoísmo también puede mostrar un cuidado genuino por sus hijos. Es la razón por la que un marido ensimismado puede servir a su esposa cuando ella se enferma. ¿Te has preguntado alguna vez cómo dos no cristianos pueden tener una relación razonablemente buena? Es porque el mismo Dios que ellos niegan les está mostrando su gracia y bendición a pesar de su ignorancia.

Piensa en lo que Dios nos ha dado para ayudarnos a navegar por las relaciones en un mundo caído. Nos ha dado su *Palabra*, rica en sabios principios. Nos ha dado su *Espíritu*, que nos convence cuando nos equivocamos, nos capacita para buscar el perdón y nos permite mostrar compasión hacia quienes nos han hecho daño. Nos ha dado una comunidad de *camaradas cristianos* que nos corrige y nos anima continuamente.

> **“Cada buena relación que tenemos es un don de la gracia de Dios. Si lo dejáramos a nosotros mismos, nada bueno sucedería.”**

Dos disposiciones que a menudo se pasan por alto son los sacramentos del bautismo y la Cena del Señor. Cada uno encarna todas estas bendiciones en un solo acto. Representan nuestra dependencia de la gracia, así como nuestra dependencia mutua para crecer en gracia. El bautismo es un signo que declara mi relación con Dios y mi inclusión en el pueblo de Dios. La Cena del Señor nos une a todos en torno a una mesa. Es la imagen de una reunión familiar y de una comida compartida. Estas cosas son algo más que símbolos; son en realidad medios de gracia. Dios nos da su gracia a través de ellos cuando participamos por fe. Nuestro error es pensar que la gracia es la liberación de los problemas; en realidad, es la capacidad de perseverar en medio de esos problemas. Deseamos la «gracia» del alivio, mientras que Dios nos da la verdadera gracia del fortalecimiento.

Cometemos un error cuando medimos nuestro potencial para afrontar las dificultades por el tamaño y la duración del problema. Deberíamos medir nuestro potencial según el tamaño de la provisión de Dios y la promesa de su presencia eterna. Incluso en la dificultad más profunda, nunca estamos sin recursos. Nunca estamos solos. Esta es una forma profunda y radical de concebir las relaciones. Nuestros problemas tienen todo que ver con el pecado, y nuestro potencial tiene todo que ver con Cristo. Nuestro objetivo en este libro es aferrarnos a ambos. Aunque el pecado es una realidad siempre presente, ¡no es rival para Jesucristo! Esperamos que seas más realista (y menos temeroso) sobre la lucha que conlleva las relaciones, a la vez que adquieres una comprensión más esperanzadora de la gracia que Dios da para esa lucha.

Shane y Kristin encontraron gracia para su lucha. Cuando decidieron buscar ayuda, al principio fue difícil. Era devastador escuchar al otro hablar de sus heridas. Era desalentador ver lo lejos y lo rápido que se habían distanciado. Pero al enfrentarse a estas duras realidades, también vieron algo más. Empezaron a ver a su Dios, no a lo lejos, sino junto a ellos, en medio de las dificultades.

Cuando empezaron a confiar en Él, encontraron el valor para volver a confiar los unos en los otros. Y como ya habían experimentado la ayuda de Dios, continuaron acercándose mutuamente, sabiendo que su ayuda estaría disponible siempre que la necesitaran de nuevo.

CAPÍTULO 5

AGENDA

> Nadie puede servir a dos señores, pues menospreciará a uno y amará al otro, o querrá mucho a uno y despreciará al otro. No se puede servir a la vez a Dios y a las riquezas.
>
> **MATEO 6:24**

Cuando leas las siguientes afirmaciones, comprueba si puedes identificar la agenda subyacente:

‹Estoy tan feliz de que no discutamos como solíamos hacerlo›.
‹Me encanta estar contigo›.
‹Disfruto del tiempo que paso con mi familia›.
‹Estoy muy agradecido por mis amigos›.
‹Has sido tan bueno conmigo›.
‹Es estupendo saber que he encontrado a alguien en quien puedo confiar de verdad›.
‹Somos almas gemelas›.
‹Es maravilloso cómo nuestras personalidades son tan complementarias›.
‹Esto ha sido divertido; volvamos a reunirnos›.
‹Tenemos una gran vida sexual›.
‹Antes de conocerte, estaba tan sola›.
‹Es genial que nos conozcamos desde hace tanto tiempo›.

‹Hemos pasado por tantos buenos momentos juntos›.

‹Hemos tenido nuestros problemas, pero siempre hemos estado dispuestos a trascender a través de ellos›.

¿A quién no le gustaría poder decir estas cosas sobre sus relaciones? Todas estas cosas son buenas. Pero ¿cuál es el objetivo de cada una de estas afirmaciones? Es lo que la persona obtiene de la relación. Para todos nosotros como personas egocéntricas, esta agenda para la felicidad personal es muy seductora. El pecado siempre nos atrae hacia el interés propio. Es posible que incluso nuestros momentos más altruistas estén impulsados por lo que *obtenemos* de ellos.

Una adinerada celebridad acaba de hacer una cuantiosa donación a una causa benéfica. Durante una entrevista le preguntaron: «¿Qué le ha motivado a hacer esta donación?». A primera vista, la donación parece un generoso acto de bondad, pero la respuesta del famoso tiene otro cariz. «Cuando me levanto por la mañana, puedo mirarme al espejo y decir que soy una buena persona. Y cuando me acuesto por la noche, puedo sentirme bien conmigo mismo». No cabe duda de que la donación beneficiará a otros, sin importar cuál sea el motivo de la celebridad, pero la cuestión es que lo que parece bueno en la superficie no siempre lo parece bajo una mirada más atenta.

Lo que dicen las Escrituras sobre las relaciones es absolutamente único. Predominan estos dos temas:

El poder del interés propio sigue presente en el creyente

Aunque se ha roto el control del pecado, el pecado que permanece en nosotros sigue dando mucha guerra. Esto significa que mientras vivas en la tierra, no escaparás completamente del poder del interés propio en tu vida. Seguirá siendo una realidad incluso en tus mejores relaciones. De hecho, cuanto más satisfactoria sea la relación, menos consciente serás del interés propio. Las enfermedades más destructivas son las que no se manifiestan de forma obvia. Lo mismo ocurre con las afecciones espirituales.

Dios tiene una agenda para nuestras relaciones mayor que la nuestra

Las preguntas por defecto que deberíamos plantearnos en cada ámbito de la vida deberían ser: «¿Cuál es el propósito y el diseño de Dios? ¿Cuál fue su razón para crear esto?». Cuando aplicamos estas preguntas a las relaciones, empezamos a ver lo diferente que es su agenda de la nuestra. Nos conformaríamos fácilmente con nuestra propia definición de felicidad personal cuando el propósito de Dios es nada menos que ¡conformarnos a la imagen de Cristo!

> **Cuanto más satisfactoria sea la relación, menos consciente serás del interés propio. Las enfermedades más destructivas son las que no se manifiestan de forma obvia.**

Seamos conscientes de ello o no, todos tenemos sueños para nuestras relaciones, y siempre estamos trabajando para hacerlos realidad. ¿Cuán cerca está tu sueño del propósito de Dios?

Este capítulo comparará tu sueño con el sueño de Dios para tus relaciones. Todos vivimos en algún lugar entre los dos. Lo mejor que puedes hacer es ser más consciente de cuál de los dos te gobierna. Para ayudarte a hacerlo, te ofrecemos una plantilla bíblica que te ayudará a evaluar tus relaciones.

Una hoja de ruta para una agenda más amplia

Nuestro modelo u hoja de ruta es Efesios 4. Mientras lo lees, pregúntate qué dice sobre (1) la lucha del interés propio y (2) la agenda de Dios para nuestras relaciones. Este pasaje será el punto de partida para examinar los temas de las relaciones que abordamos en este libro.

Mientras reflexionas sobre este pasaje, piensa en Elise, Kurt, Kristin y Shane. De paso, piensa también en ti mismo. ¿Por qué nos enfadamos? ¿Por qué somos impacientes? ¿Por qué no somos amables y gentiles? ¿Por qué guardamos rencor o actuamos por venganza? ¿Por qué nos negamos a cooperar? ¿Por qué nos decimos cosas que nunca deberíamos decirnos? ¿Por qué nos alejamos disgustados? ¿Por qué mentimos a alguien o tratamos de manipularle? ¿Por qué somos competitivos y envidiosos? ¿Por qué nos cuesta alegrarnos de la bendición de otro? Hacemos todas estas cosas por una razón: *queremos hacerlo a nuestra manera, de la forma que hemos elegido y en el momento que hemos considerado mejor*. Nos queremos y tenemos un plan maravilloso para nuestras vidas. Tenemos un sueño. El problema es que no es del Señor.

Un llamamiento a la unidad

> Por eso yo, que estoy preso por la causa del Señor, les ruego que vivan de una manera digna del llamamiento que han recibido, siempre humildes y amables, pacientes, tolerantes unos con otros en amor. Esfuércense por mantener la unidad del Espíritu mediante el vínculo de la paz. Hay un solo cuerpo y un solo Espíritu, así como también fueron llamados a una sola esperanza; un solo Señor, una sola fe, un solo bautismo; un solo Dios y Padre de todos, que está sobre todos y por medio de todos y en todos. (Efesios 4:1-6)

Josh y Sara se mudaron con su familia de seis hijos a una zona completamente nueva hace dos meses. La oportunidad de un ascenso, una casa más grande y un clima más agradable dominaban el día. No pensaron mucho en el impacto espiritual que la mudanza podría tener en su familia. Hicieron una rápida búsqueda en Internet de iglesias locales, pero solo cuando ya habían tomado la decisión de mudarse. Aunque ciertamente no es malo mudarse o tomar un ascenso, Josh y Sara estaban impulsados por un estilo de vida cómodo, no por la voluntad de Dios. En su proceso de toma de decisiones, pensaron poco en la importancia de conectarse con un cuerpo de creyentes donde pudieran invertir en las vidas de otros, y otros hicieran lo mismo por ellos. Su decisión ignoraba lo que Dios les había hecho ser y cómo les había diseñado para vivir en comunidad.

Tras una larga discusión sobre la gracia de Dios, Pablo aplica esa gracia a nuestras relaciones en Efesios 4. El versículo 1 nos insta a vivir una vida «digna del llamamiento que [hemos] recibido». Eres un receptor de la gracia y tu vida debe reflejarlo. Específicamente, Pablo dice que debe reflejarse en nuestras relaciones dentro del cuerpo de Cristo. En otras palabras, no puedes tomar en serio el evangelio y no tomar en serio tus relaciones. Pero tendemos a hacer compromisos que impactan negativamente nuestras relaciones sin ver la contradicción.

> **“No puedes tomar en serio el evangelio y no tomar en serio tus relaciones.”**

Mira lo que Pablo cree y espera que la gracia de Dios haga en nuestras relaciones. Al leer la siguiente lista, pregúntate si piensas así de tus relaciones. Puede ser útil usar esta lista para pensar en una relación en particular.

Mantener la unidad del Espíritu

Pablo dice que nuestras relaciones con otros cristianos no son algo que debemos dar por sentado. Dice que debemos *mantener* (no *crear*) estas relaciones. Si eres cristiano, automáticamente estás en relación con otros cristianos. Están unidos unos a otros porque están unidos a Cristo. Debido a la morada del Espíritu Santo, ya compartes un vínculo profundo que te ha sido dado por gracia. Por lo tanto, estas relaciones son dones que hay que administrar con mucho cuidado. Soy un bueno o un malo administrador de estos dones. Si obstaculizo mis relaciones con otros creyentes de cualquier manera, estoy devaluando estas relaciones. Si chismeo o me involucro en conflictos impíos, estoy dañando el don que Dios me ha dado. Pero si estoy dispuesto a buscar, perdonar y servir, demuestro cuidado por estos dones.

Haz todo lo posible

Pablo no es ingenuo sobre el duro trabajo que requieren las relaciones. Sabe que las relaciones, incluso entre personas que tienen el Espíritu, no serán fáciles. ¿Alguna vez has notado cuán desagradables, insatisfactorias y poco interesantes se vuelven de repente las relaciones cuando requieren trabajo? ¿Cuántos matrimonios han sufrido porque ni el esposo ni la esposa tenían una ética de trabajo bíblica para su relación? Pablo dice que encontramos emoción y satisfacción en el contexto del trabajo duro. Pero la mayoría de nosotros nos damos por vencidos cuando decidimos que la rentabilidad de los dividendos no merece la inversión. Lamentablemente, a menudo hacemos las cuentas teniendo en cuenta nuestros intereses personales en lugar de lo que Dios ha llamado a hacer.

Sé humilde, amable, paciente y generoso en el amor.

Pablo comienza con las cualidades de carácter que son opuestas a las que suelen guiar nuestras relaciones. Es importante señalar que se trata de cualidades de carácter antes que de acciones hacia los demás. La humildad nos permite ver nuestro propio pecado antes de centrarnos en el pecado y las debilidades de los demás. *¿Consideras a los demás con un más alto estándar que a ti mismo?* Una persona gentil no es débil, sino alguien que usa su fuerza para fortalecer a otros. Una persona gentil puede usar la fuerza sin dañar a aquellos a quienes está tratando de ayudar. *Por lo regular, ¿las personas se sienten lastimadas en su relación contigo?* Una persona paciente es alguien que sitúa las necesidades de los demás por encima o al mismo nivel que las suyas propias. No viene con una agenda centrada en sí mismo. Una persona paciente es alguien que hace todo esto incluso cuando se le provoca. En otras palabras, las personas que son pacientes y tolerantes son humildes y amables incluso cuando son provocadas o cuando la inversión que han hecho en una relación se vuelve amarga. *¿Amas a las personas con límites que obedecen a tus propias necesidades o intereses? ¿Sienten los demás como si siempre tuvieran que devolverte un favor para que sigas contentos con ellos?*

Estas cualidades de carácter crean un clima de gracia para las relaciones. Normalmente, las relaciones se rigen por una estructura de ley, ofensa y castigo. Tengo una serie de normas que debes cumplir. Yo vigilo que las cumplas. Si no lo haces, me siento justificado para imponerte algún tipo de castigo. Esto es una contradicción flagrante con el evangelio, e impide que la gloria y el valor de la gracia de Dios se muestren en tus relaciones. Esto es exactamente lo contrario de lo que Pablo dice que debería ser cierto para los que reciben la gracia.

Hay un solo Espíritu, un solo Señor y un solo Padre

Pablo fundamenta nuestra unidad en la unidad de la Trinidad, no en nuestra capacidad de llevarnos bien. Nos llevamos bien porque el Padre, el Hijo y el Espíritu nos lo han permitido. Podemos dar gracia porque se nos ha dado gracia. Jesús se humilló. El Padre obra nuestra salvación con suavidad y paciencia. El Espíritu Santo nos soporta y permanece con nosotros incluso frente a nuestro pecado, convenciéndonos y corrigiéndonos, pero nunca condenándonos. El Padre, el Hijo y el Espíritu se separaron para que pudiéramos estar unidos a ellos y entre nosotros.

Este tipo de integridad relacional es una vocación elevada, pero el Dios que la ordena nos proporciona todo lo que necesitamos para cumplirla. ¿Y si Josh y Sara hubieran tenido esta perspectiva sobre su posible traslado?

Las relaciones cristianas habrían sido una prioridad en lugar de una ocurrencia tardía.

Una apreciación de la diversidad

> Pero a cada uno de nosotros se nos ha dado gracia en la medida en que Cristo ha repartido los dones. Por esto dice:
>
> «Cuando ascendió a lo alto,
> se llevó consigo a los cautivos
> y dio dones a los hombres».

> (¿Qué quiere decir eso de que «ascendió», sino que también descendió a las partes bajas, o sea, a la tierra? El que descendió es el mismo que ascendió por encima de todos los cielos, para llenarlo todo). Él mismo constituyó a unos apóstoles; a otros, profetas; a otros, evangelistas; y a otros, pastores y maestros, a fin de capacitar al pueblo de Dios para la obra de servicio, para edificar el cuerpo de Cristo. De este modo, todos llegaremos a la unidad de la fe y del conocimiento del Hijo de Dios, a una humanidad perfecta que se conforme a la plena estatura de Cristo.
>
> Así ya no seremos niños, zarandeados por las olas y llevados de aquí para allá por todo viento de enseñanza y por la astucia y los artificios de quienes emplean artimañas engañosas. Más bien, al vivir la verdad con amor, creceremos hasta ser en todo como aquel que es la cabeza, es decir, Cristo. Por su acción todo el cuerpo crece y se edifica en amor, sostenido y ajustado por todos los ligamentos, según la actividad propia de cada miembro. (Efesios 4:7-16)

Al estar basada en la Trinidad, nuestra unidad también nos permite celebrar nuestra diversidad en el cuerpo de Cristo. Hay un Dios, pero tres personas. Dios utiliza nuestra diversidad para lograr su propósito: nuestro crecimiento en la gracia. La diversidad no es un obstáculo, sino un medio muy significativo para este fin.

> **“Dios elige rodearnos de personas que son diferentes a nosotros porque sabe que esto promoverá su propósito.”**

Pero a cada uno de nosotros se nos ha dado gracia en la medida en que Cristo ha repartido

Observa todas las diferencias que existen entre nosotros. Tenemos diferentes dones, servimos en diferentes capacidades en el cuerpo de Cristo, y estamos en diferentes niveles de madurez espiritual. Todas estas diferencias están ahí por la soberana distribución de Dios. Es decir, Dios elige rodearnos de personas que son diferentes a nosotros porque sabe que esto promoverá su propósito. Sin embargo, ¿con qué frecuencia vemos la diversidad como un obstáculo para las buenas relaciones y los propósitos de Dios?

Para edificar el cuerpo de Cristo

Vemos el propósito de Dios a lo largo de los versículos 12-16. Una y otra vez, Pablo argumenta que nuestras relaciones son valiosas porque Dios tiene un propósito para ellas. Cuando intentamos dar un propósito a nuestras relaciones, nos impacientamos, nos frustramos y explotamos. Y como todos somos pecadores, siempre frustraremos los propósitos de los demás. Esta dinámica comienza a revelar por qué Dios nos ha puesto en relaciones. Nuestro propósito es conseguir lo que queremos; pero el propósito de Dios es darnos lo que realmente necesitamos. En última instancia, Dios quiere que maduremos, que seamos edificados y que dejemos de actuar como infantes. Él quiere que las cosas que gobernaron el corazón de Cristo gobiernen también el nuestro.

Aquí es donde el verdadero valor de nuestras relaciones va en contra de lo que normalmente pensamos. Pensamos que las cosas van bien solo si nos llevamos bien con los demás. Pero Dios dice que es también cuando no nos llevamos bien con los demás ¡que él cumple sus propósitos! Por ejemplo, si dejas de hacer ejercicio al primer signo de fatiga, pierdes la oportunidad de ponerte más en forma. El ejercicio después del agotamiento es el momento más eficaz y productivo para ponerse en forma. Esto también se aplica a las relaciones. Dios ha diseñado nuestras relaciones para que funcionen como diagnóstico y como cura. Cuando estamos frustrados y dispuestos a rendirnos, Dios actúa, revelando los lugares en los que hemos cedido a una agenda egoísta (el diagnóstico). Luego utiliza esa nueva conciencia para ayudarnos a crecer precisamente allí donde hemos luchado (la cura). De eso trata el resto de este libro.

Entablamos relaciones por placer personal, autorrealización y diversión. Queremos un bajo coste personal y un alto rendimiento definido por nosotros mismos. Pero Dios quiere un alto coste personal y altos beneficios definidos por Dios. Y, aunque a menudo no estemos de acuerdo con Dios, su plan es mejor. Debajo de todos nuestros conflictos con los demás hay un conflicto más profundo entre estas dos agendas: la nuestra y la de Dios. Cuando Josh y Sara decidieron mudarse, no consideraron estas cosas en absoluto. Trataron las relaciones con tanta ligereza que eludieron el medio principal de Dios para hacerlos a semejanza de Cristo. Lo que parece una elección inocente y obvia de avanzar en su carrera, en realidad se convirtió en un obstáculo para su crecimiento en la gracia.

> **“Entablamos relaciones por placer personal, autorrealización y diversión. Queremos un bajo coste personal y un alto rendimiento definido por nosotros mismos.”**

Nuestra lucha y la agenda de Dios

> Así que les digo esto y les insisto en el Señor: no vivan más con pensamientos frívolos como los paganos. A causa de la ignorancia que los domina y por la dureza de su corazón, estos tienen oscurecido el entendimiento y están alejados de la vida que proviene de Dios. Han perdido toda vergüenza, se han entregado a la inmoralidad, y no se sacian de cometer toda clase de actos indecentes.
>
> No fue esta la enseñanza que ustedes recibieron acerca de Cristo, si de veras se les habló y enseñó de Jesús según la verdad que está en él. Con respecto a la vida que antes llevaban, se les enseñó que debían quitarse el ropaje de la vieja naturaleza, la cual está corrompida por los deseos engañosos; ser renovados en la actitud de su mente; y ponerse

> el ropaje de la nueva naturaleza, creada a imagen de Dios, en verdadera justicia y santidad.
>
> Por lo tanto, dejando la mentira, hable cada uno a su prójimo con la verdad, porque todos somos miembros de un mismo cuerpo. «Si se enojan, no pequen». No permitan que el enojo les dure hasta la puesta del sol, ni den cabida al diablo. El que robaba, que no robe más, sino que trabaje honradamente con las manos para tener qué compartir con los necesitados.
>
> Eviten toda conversación obscena. Por el contrario, que sus palabras contribuyan a la necesaria edificación y sean de bendición para quienes escuchan. No agravien al Espíritu Santo de Dios, con el cual fueron sellados para el día de la redención. Abandonen toda amargura, ira y enojo, gritos y calumnias, y toda forma de malicia. Más bien, sean bondadosos y compasivos unos con otros, y perdónense mutuamente, así como Dios los perdonó a ustedes en Cristo. (Efesios 4:17-32)

Por último, Pablo expone cómo son las relaciones cuando rige el propósito de Dios. Identifica siete tendencias del corazón pecaminoso que dañan las relaciones, perturban el propósito de Dios y requieren una lucha persistente. Pregúntate si alguna de ellas es evidente en tus relaciones en casa, en el trabajo, en la iglesia, en tu familia o en tu comunidad.

La tendencia a la autoindulgencia (vv.19-24). Mi comportamiento en la relación está impulsado por lo que yo quiero, no por el propósito de Dios.

La tendencia al engaño (v. 25). Manipularé la verdad para obtener lo que quiero de la relación.

La tendencia a la ira (vv. 26-27). Quiero controlar la relación desahogando mi ira o manteniéndola sobre ti para controlarte.

La tendencia al egoísmo (v. 28). Quiero proteger lo que tengo, en lugar de ofrecerlo para servirte.

La tendencia a la comunicación inútil (vv. 29-30). En lugar de usar mi discurso para hacerte sentir mejor y colocarte en una mejor posición, hablo para hacerme sentir mejor y asegurarme de estar en el primer lugar.

La tendencia a la división (v. 31). Cedo a la tentación de considerarte un adversario, en lugar de un compañero en la lucha de la relación.

La tendencia hacia un espíritu que no perdona (v. 32). Quiero hacer que otros paguen por sus agravios en contra mía.

Todos estamos tentados por estas tendencias. No somos inmunes, ni siquiera como creyentes. Pablo escribe a los cristianos porque asume que estas serán áreas críticas de lucha. Lo asombroso es que todo este pasaje promete gracia para cada área. Uno de los primeros lugares donde vemos la evidencia de la gracia de Dios personalmente es en la comprensión de que las relaciones exigen un trabajo duro. Nos volvemos dispuestos a entrar en la lucha en lugar de evitarla, porque empezamos a ver que aquí es donde Dios está presente y activo. Comenzamos a correr hacia los demás en lugar de alejarnos de ellos y empezamos a experimentar lo siguiente:

Cuánto más sabio es el plan de Dios para nosotros en vez de nuestro plan para nosotros mismos (vv. 19-24).

El poder de la verdad para cambiar la vida (v. 25).

El beneficio curativo de la mansedumbre, la paciencia y el amor (vv. 26-27).

El gozo de atender las necesidades de otra persona (v. 28).

El valor de una comunicación cariñosa y sana (vv. 29-30).

La belleza de la unidad funcional en una relación (v. 31).

La libertad de practicar el perdón (v. 32).

¿Qué visión de las relaciones nos pinta la Biblia? Según Efesios 4, las mayores alegrías de las relaciones crecen en el suelo de las luchas más profundas. Las luchas no son obstáculos, sino instrumentos en manos de Dios. Cada lucha es una oportunidad para experimentar la gracia de Dios y dársela a la otra persona. Piensa en tus relaciones. ¿Cuáles son las más significativas? ¿No son las que han perdurado en el tiempo y han pasado por dificultades atroces? Si observas tu propio carácter, parte de tu crecimiento más profundo ha nacido de grandes tensiones y pruebas.

Al terminar este capítulo, sé sincero. ¿Qué quieres de tus relaciones? ¿Qué quieres que Dios haga en ellas? ¿Te conformarás con la comodidad, la aprobación, la facilidad y la felicidad? ¿O estás dispuesto a asumir la visión bíblica de las relaciones revelada en Efesios 4? Tu santificación está en juego dependiendo de cómo respondas a esta pregunta.

Cada día, en tus relaciones, estás siguiendo uno de estos planes, impulsado por una de estas dos agendas: la tuya o la de Dios. El plan que sigas dará forma a tus respuestas en todo lo que enfrentes en cada relación. El resto de este libro trata sobre el trabajo duro, pero es el mejor trabajo que jamás harás. Si creces en estas cosas, habrá bendiciones obvias. Tu vida y tus relaciones mejorarán en muchos aspectos, pero también se volverán más complicadas y desordenadas. Debido a esto, llegarás a ver tu necesidad de la gracia de Dios aún más. ¡Esta es la parte emocionante!

CAPÍTULO 6

ADORACIÓN

Con la lengua bendecimos a nuestro Señor y Padre, y con ella maldecimos a las personas, creadas a imagen de Dios. De una misma boca salen bendición y maldición. Hermanos míos, esto no debe ser así. ¿Puede acaso brotar de una misma fuente agua dulce y agua salada? Hermanos míos, ¿acaso puede dar aceitunas una higuera o higos una vid? Pues tampoco una fuente de agua salada puede dar agua dulce.

SANTIAGO 3:9-12

Jenna no podía evitarlo; estaba obsesionada con la opinión que Kelsey tenía de ella.

La constante insistencia de Lisa en lo ordenada que estaba su casa volvía loco a Jordan.

Tamara tenía tantas ganas de triunfar en su nuevo trabajo que apenas le quedaba tiempo para su nuevo matrimonio.

Andy sabía que pasaba demasiado tiempo señalando lo espiritualmente inmadura que era Gwen, pero no conseguía detenerse.

A Lindsey le irritaba que Brandon pudiera pasarse el día trasteando con la guitarra cuando nunca tenía tiempo para leer un libro.

A Tony no le importaba la hospitalidad de Celia, pero le molestaba que dejara tan poco tiempo para ellos como pareja.

Jason y Seth dejaron de trabajar juntos porque llegaron a la conclusión de que eran demasiado diferentes para hacer que funcionara.

A John le molestaba que Melanie pareciera tan espiritual y, sin embargo, fuera tan poco teológica.

Eran un montón de pequeñas cosas: el tubo de pasta de dientes arrugado, el papel higiénico que nunca estaba en el rodillo, la mantequilla abandonada en la encimera y el desmontaje completo del periódico cada noche. Estas diferencias entre Alfie y Jane la ponían de nervios.

Tina se sentó en la iglesia con Chris, pensando que no podía imaginarse ir allí todos los domingos después de casarse.

Dwayne estaba convencido de que se había casado con la persona menos mecánica de la historia.

Ann estaba agradecida por su amistad con Grace, pero estaba convencida de que nunca coincidirían espiritualmente.

La lucha de todos, la historia de todos

¿Puedes identificarte con estas luchas? Piensa en las personas con las que te relacionas a diario. ¿Dónde se complican esas relaciones? ¿Hay alguien a quien amas y que también te vuelve loco? ¿Hay alguien en tu vida a quien te gustaría reconectar? ¿Hay momentos en los que experimentas una desconexión espiritual con una persona que conoces y quieres? ¿Hay momentos en los que la opinión de alguien sobre ti se vuelve demasiado importante? ¿Te encuentras peleando por cosas que no son tan importantes? ¿Alguna vez te ha sorprendido la respuesta de una persona ante una situación determinada? ¿Has pensado alguna vez que sería más fácil estar solo que caminar por el campo minado de las relaciones?

La lucha en las relaciones es la historia de todos. Ninguno de nosotros ha tenido una relación completamente libre de dificultades. Todos hemos tenido momentos en los que nos hemos sentido desanimados por el esfuerzo que requiere una buena relación. Todos hemos soñado alguna vez con que esas relaciones fueran mágicamente más fáciles. Todos hemos deseado poder cambiar a otra persona, y muchos de nosotros hemos intentado rehacer a alguien a nuestra imagen y semejanza. Todos hemos permitido que acciones y hábitos intrascendentes se nos metieran en la piel y hemos defendido una preferencia personal como si fuera un absoluto moral. Y cada uno de nosotros ha intentado ser el Espíritu Santo en la vida de otra persona, tratando de obrar cambios espirituales que solo Dios puede lograr.

> **Cada uno de nosotros ha intentado ser el Espíritu Santo en la vida de otra persona, tratando de obrar cambios espirituales que solo Dios puede lograr.**

Hemos hablado un poco de por qué nuestras relaciones son tan difíciles y requieren tanto tiempo. Pero ¿cuáles son los fundamentos de una sana relación que honra a Dios? ¿Cuáles son los pensamientos, deseos y hábitos diarios que hacen que una relación sea buena? ¿Por qué *luchas* con una persona de una manera y de otra diferente con otra?

En este capítulo empezaremos a analizar estas cuestiones. Está escrito desde el entendimiento de que las buenas relaciones no caen del cielo. Las buenas relaciones se construyen sobre una base sólida. Sin esta base, ninguna cantidad de trabajo duro hará que tus relaciones sean lo que Dios quiere que sean.

Las dos piedras angulares

Matt y Rob no veían qué tenía que ver la teología con sus problemas para trabajar juntos. Su aventura empresarial había sido tan emocionante en el pasado, pero ahora estaba llena de conflictos. Les costaba mucho tomar decisiones y aún más entablar conversaciones que condujeran a la toma de decisiones. Matt y Rob tendían a tomarse sus diferencias demasiado a pecho; sentían que estaban en una batalla interminable por el control del negocio. Lo que necesitaban, pensaban, era un manual de «cómo asociarse» que les ayudara a tratar el uno con el otro. Si ese libro existiera, creían que solucionaría el problema. Pero necesitaban mucho más.

Sus verdaderas necesidades les saltaron a la vista una semana durante su estudio bíblico. Aprendieron dos conceptos bíblicos que no solo les ayudaron a diagnosticar la causa de sus problemas, sino que también les mostraron la salida. Este capítulo narra su camino hacia la reconciliación.

Las buenas relaciones se construyen siempre sobre los cimientos de la identidad y la *adoración.* Aunque estas ideas puedan parecer distantes de nuestras luchas cotidianas, nada puede proteger nuestras relaciones de las dificultades si no estamos construyendo la comunidad sobre estos cimientos. A menudo pensamos erróneamente que nuestras relaciones son difíciles porque, como un niño que aprende a caminar, simplemente carecemos de las habilidades y la experiencia para no caernos.

Esto puede ser cierto en parte; pero el mayor problema son los cimientos sobre los que caminamos. Para que nuestras relaciones sean lo que Dios diseñó que fueran, la reconstrucción, la restauración y la reconciliación deben comenzar con una nueva base sólida.

Este fundamento no es lo que hacemos y decimos. Comienza en el corazón, la fuente de los pensamientos y motivos que dan forma a lo que hacemos y decimos. Tu corazón está siempre contigo, y de manera profunda da forma a tus interacciones con los demás. Si el fundamento de nuestro corazón es sólido, basado en la verdad, el diseño y el propósito de Dios para nosotros, seremos capaces de construir relaciones sanas, que honren a Dios, aunque seamos personas imperfectas que viven en un mundo roto. Por el contrario, una comunidad rota es siempre el resultado de unos cimientos rotos.

Las dos piedras de estos cimientos son la identidad y la adoración. Cuando hablamos de identidad, no nos referimos a tu nombre, fecha de nacimiento y número de seguro social. Hablamos de cómo te defines a ti mismo: qué talentos, cualidades, experiencias, logros, objetivos, creencias, relaciones y sueños utilizas para decir: «Esto es lo que soy». Del mismo modo, cuando hablamos de adoración, no nos referimos simplemente al orden del servicio en tu iglesia el domingo por la mañana. Lo que queremos decir es que, puesto que eres un ser humano, siempre hay algo por lo que vives; siempre hay algún deseo, meta, tesoro, propósito, valor o anhelo que controla tu corazón. La Biblia nos recuerda que Dios quiere —y merece— ser el centro definitorio de ambas cosas.

Cuando vivo desde un sentido bíblico de *quién soy* (identidad) y descanso en *quién es Dios* (adoración), podré construir una relación sana contigo. No se trata de conceptos teológicos abstractos. Estamos hablando del contenido y el carácter de nuestros corazones. Estas cuestiones fundacionales de identidad y adoración forman parte ineludible de tu naturaleza como ser humano. Lo que creas y hagas sobre estas dos cosas determinará tu manera de vivir con las personas que Dios ha puesto en tu vida. Por esta razón podemos decir que todos vivimos teológicamente; es decir, las cosas que creemos sobre Dios y sobre nosotros mismos son el fundamento de todas las decisiones que tomamos, de todas las acciones que emprendemos y de todas las palabras que pronunciamos. La teología que vives es mucho más importante para tu vida diaria que la teología en la que dices creer.

Recordar quién eres

Es imposible que la identidad no sea un problema para los seres humanos. Dios nos hizo criaturas racionales que tomamos decisiones basadas en la forma en que interpretamos la vida. Una de las formas más importantes en que intentamos dar sentido a la vida es diciéndonos a nosotros mismos quiénes somos. Todos tenemos una manera de vivir, por ejemplo, «Yo soy________, por lo tanto puedo________». En el plan de Dios, esta búsqueda de la identidad personal está destinada a llevarnos de vuelta a Él como Creador, para que encontremos nuestro sentido y propósito en Él.

La identidad que me atribuyo siempre afectará a la forma en que respondo ante ti. Por ejemplo, si me digo a mí mismo que soy más listo que tú, me costará escuchar cuando me des consejos. Si me digo a mí mismo que merezco tu respeto, estaré atento para ver si me das lo que considero que merezco. De este modo, mi sentido de la identidad siempre determinará mi forma de pensar sobre mi vida y mis relaciones. Esto les estaba pasando a Matt y Rob, pero ellos no lo sabían.

Rob obtuvo su identidad del éxito y los logros, pero constantemente sentía que Matt se interponía en su camino. Matt obtenía su identidad del respeto y la aceptación de la gente que lo rodeaba; personalizaba todos los desacuerdos que tenía con Rob. Puedes ver cómo los problemas de identidad complicaban esta relación.

Gran parte de la historia bíblica trata de la identidad. Revela las reacciones equivocadas que surgen cuando olvidamos quiénes somos, así como las respuestas piadosas que surgen al recordar. Adán y Eva escucharon a la serpiente, creyeron sus mentiras y comieron del fruto prohibido porque olvidaron su verdadera identidad, ¡la identidad que Dios les dio! No eran personas independientes que tomaban decisiones. Eran criaturas de Dios, destinadas a vivir dentro de los límites que Dios había diseñado para ellos.

A medida que la historia bíblica continúa, los resultados de tal olvido se repiten una y otra vez. Sara y Abraham tramaron cumplir la promesa que Dios les había hecho a su manera, en lugar de confiar en Dios. Si abrazas tu identidad como hijo de Dios y, por tanto, heredero de sus promesas, puedes descansar mientras esperas que Él cumpla su promesa a su sabio tiempo. Los hijos de Israel olvidaron su identidad como hijos del Señor Todopoderoso, el Rey y Gobernante del universo. Así que temieron a las naciones circundantes en lugar de a Dios, se casaron con sus hijas y adoraron a sus ídolos. El rey Saúl olvidó su verdadera identidad como rey terrenal que representaba al único y verdadero Rey celestial cuando se quedó con el botín de la guerra santa en lugar de ofrecérselo a Dios. Los discípulos olvidaron que eran los administradores elegidos de la obra del reino del Mesías, por lo que se escondieron con miedo mientras el Mesías se enfrentaba a la muerte. Pedro olvidó su identidad como mensajero del evangelio para todas las naciones y cedió a la presión de los cristianos judíos, rechazando a sus hermanos gentiles.

Sin embargo, también hay muchos ejemplos de personas que sí recordaron su identidad. Moisés condujo a los hijos de Israel a través del Mar Rojo, con muros de agua a ambos lados, porque recordó quién era, el líder elegido del pueblo de Dios con el poder de Dios como recurso. David caminó con valentía hacia Goliat. Sadrac, Mesac y Abednego se negaron a adorar la imagen de oro de Nabucodonosor, aun a riesgo de morir quemados. Recordaron quiénes eran y no temieron las amenazas del rey. Pablo y Silas cantaban himnos en la cárcel de Filipos. Solo pueden hacerlo si han recordado que su bienestar y su libertad están en manos de un Dios todopoderoso que es su Padre. Gran parte del drama del pueblo de Dios es un drama de identidad.

> **“Dónde encuentres tu identidad tendrá todo que ver con cómo respondes al duro trabajo de las relaciones con los demás.”**

¿Qué tiene que ver esto con las relaciones? ¡Pues todo! Aunque no todos los ejemplos mencionados están directamente relacionados con las relaciones, defienden un punto muy importante. La forma en que te dices a ti mismo acerca del impacto poderoso que tiene la manera en que enfrentas los desafíos, tanto grandes como pequeños, en tu vida cotidiana. Del mismo modo, dónde encuentres tu identidad tendrá todo que ver con cómo respondes al duro trabajo de las relaciones con los demás. O bien obtengo mi identidad verticalmente, a partir de mi sentido de quién es Dios y quién me ha hecho en Cristo, o buscaré obtener mi identidad horizontalmente, a partir de mis circunstancias, relaciones y éxitos.

Rob obtenía su identidad del éxito de su negocio, lo que determinaba su forma de ver todo lo que hacía Matt. Matt, por su parte, obtenía su identidad de la aprobación y el aprecio de Rob, lo que alteraba la forma en que escuchaba todo lo que este tenía que decir. Rob andaba con una irritación de bajo grado porque se lo tomaba como algo personal cada vez que Matt no estaba de acuerdo con sus planes de negocio. Matt, por su parte, sentía que no había nada que pudiera hacer para ganarse el respeto de Rob.

Cuando vivimos desde el sentido de lo que somos en Cristo, vivimos nuestras vidas basándonos en todo lo que Cristo nos ha dado. Esto nos impide tratar de obtener esas cosas de las personas y situaciones que nos rodean. Por eso hay tantas declaraciones de identidad en el Nuevo Testamento. (Aquí algunas: Efesios 1–3; Colosenses 1:21-23; Hebreos 10:19-25; 1 Pedro 2:9-12; 1 Juan 3:1-3.) Gran parte de la decepción y el dolor que experimentamos es el resultado de nuestros intentos de obtener algo de las relaciones que ya tenemos en Cristo. En casi treinta años de consejería, he hablado con innumerables mujeres en matrimonios difíciles que decían: «Todo lo que siempre quise fue que mi esposo me hiciera feliz». Mi primer pensamiento invariablemente es: *Bueno, entonces, ¡está frito!*

Ningún ser humano ha sido concebido para ser la fuente de alegría y satisfacción personal de otra persona. Y ciertamente, ¡ningún pecador va a ser capaz de lograrlo día tras día en la relación matrimonial, que abarca todos los aspectos! Tu cónyuge, tus amigos y tus hijos no pueden ser las fuentes de tu identidad. Cuando buscas definir quién eres a través de esas relaciones, en realidad le estás pidiendo a otro pecador que sea tu mesías personal, que te dé el descanso interior del alma que solo Dios puede dar. Solo cuando he buscado mi identidad en el lugar adecuado (en mi relación con Dios) soy capaz de ponerte a ti también en el lugar adecuado. Cuando me relaciono contigo sabiendo que soy hijo de Dios y destinatario de su gracia, soy capaz de servirte y amarte. Tengo la esperanza y el valor de ensuciarme las manos con el duro trabajo que supone la convivencia entre dos pecadores. ¡Y tú puedes hacer lo mismo conmigo!

Sin embargo, si busco obtener identidad *de ti*, te observaré demasiado de cerca, te escucharé con demasiada atención y te necesitaré demasiado, sin duda. Me subiré a la montaña rusa de tus mejores y peores momentos y de todo lo que hay entre medio. Y como te observo demasiado de cerca, seré muy consciente de tus debilidades y fracasos. Me volveré demasiado crítico, frustrado, decepcionado, desesperado y enfadado. Me enfadaré, no porque seas un pecador, sino porque no has conseguido lo único que busco de ti: identidad. Pero ninguno de nosotros obtendrá nunca de nuestras relaciones el bienestar que proviene de saber quiénes somos. En cambio, nos quedaremos con relaciones dañadas llenas de dolor, frustración e ira. Matt y Rob habían llegado a ese punto. Temían ir a trabajar y hablar entre ellos. Ambos se sentían heridos personalmente por cosas que simplemente no eran tan personales como ellos creían que eran. ¿Por qué? Porque estaban intentando encontrar su identidad en cosas que nunca debieron proporcionársela.

> **“Si busco obtener identidad de ti, te observaré demasiado de cerca, te escucharé con demasiada atención y te necesitaré demasiado, sin duda.”**

Cuando recuerdo que Cristo me ha dado todo lo necesario para ser la persona que Él me diseñó ser, soy libre para servirte y amarte. Cuando sé quién soy, soy libre para ser humilde, amable, paciente, tolerante y cariñoso mientras navegamos por el inevitable desorden de las relaciones. *¿Hay alguna evidencia de que estás esperando que tus relaciones te den cosas que ya te han sido dadas en Cristo?*

Recordar quién es Dios

La adoración es otra cuestión que está intrínsecamente ligada a lo que somos como seres humanos. No te dejes llevar por la palabra *adoración*. No estamos hablando simplemente de las actividades religiosas formales que tienen lugar en la iglesia. La adoración es primero una *identidad* antes de convertirse en una *actividad*. Es decir, tú y yo *somos* adoradores, y por eso adoramos. Nuestros corazones siempre están bajo el control de algo, y lo que controle tu corazón controlará tu comportamiento. Como Bob Dylan escribió tan agudamente: «Tienes que servir a alguien».

En Mateo 6, Cristo explica que lo que adoramos se convertirá en lo que nos controla. Él usa una palabra maravillosa para explicar la conexión: «tesoro». Un tesoro es algo con valor asignado. Por eso dice el refrán: «La basura de uno es el tesoro de otro». En Mateo 6:19- 24, Cristo nos recuerda que todos vivimos para algún tipo de tesoro. Lo que decidimos que es valioso es lo que controlará nuestros corazones (v. 21). Si prestas atención a ti mismo, esto es fácil de ver. Cuando consigues lo que consideras valioso, te sientes feliz y animado; cuando no, te sientes triste y frustrado. Por último, Cristo dice que lo que controla nuestros corazones controla nuestro comportamiento (v. 24). Si algo es valioso para nosotros, trataremos de conseguirlo a través de las situaciones y relaciones de la vida diaria.

Esto tiene muchas implicaciones para las relaciones, porque solo cuando adoro a Dios por lo que es, puedo amarte como eres. El amor y la estima genuina por los demás, siempre se encuentran arraigados en nuestra adoración a Dios. ¿Te cuesta ver la relación entre ambas cosas? He aquí tres maneras de establecer la conexión.

Para amarte como debo, debo adorar a Dios como Creador

Debo mirarte con los ojos de David en el Salmo 139:

> Porque Dios creó tu ser más íntimo;
> te tejió en el vientre de tu madre.
> Alabo a Dios porque has sido creado de forma maravillosa;
> sus obras son maravillosas, lo sé muy bien.
> Tu estructura no estaba oculta a Dios
> cuando fuiste creado en el lugar secreto.
> Cuando fuiste entretejidos en las profundidades de la tierra,
> sus ojos vieron tu cuerpo sin forma.
> (Salmo 139:13-16a, adaptación de los autores)

¡Qué palabras tan hermosas, asombrosas e importantes! Si no veo la sabia obra del Creador cuando te miro, eso afectará a la forma en que me relaciono contigo. Dios quiere que recuerde que sus manos formaron cada parte de ti. Su atención nunca se desvió, su mano nunca resbaló, no cometió errores ni hubo accidentes. La forma de tu barbilla, el tamaño de tu cuerpo, tu personalidad, tus dotes intelectuales, tus aptitudes naturales, el color de tu pelo y de tu piel, el timbre de tu voz, tu forma de andar y un millón de cosas más que hacen de ti quien eres. Fuiste creado por un Creador gloriosamente sabio. Eres la criatura que eres gracias a su hermoso plan.

> **Cuando no adoramos a Dios como Creador en nuestras relaciones, intentamos subir a su trono y hacemos todo lo posible por recrear a los demás a nuestra propia imagen.**

Aunque la mayoría de nosotros hemos afirmado que Dios es el Creador de todas las cosas, es bastante fácil adorarlo como Creador el domingo y maldecir su obra durante la semana. Hacemos esto cuando no estamos satisfechos con la forma en que Dios ha hecho a las personas con las que nos relacionamos cada día. Cuando no adoramos a Dios como Creador en nuestras relaciones, intentamos subir a su trono y hacemos todo lo posible por recrear a los demás a nuestra propia imagen. Esto siempre conduce a la frustración y al fracaso.

¿Desearías en secreto que tu novio fuera un poco más atractivo físicamente? ¿Te frustras porque tu amigo no es tan intelectual como tú? ¿Haces todo lo posible para que esa persona mecánica sea más relacional? ¿Te gustaría que tu tímida esposa aprendiera a ser el alma de la fiesta? ¿Intentas convertir a ese planificador tan organizado en una persona más espontánea? ¿Has intentado por todos los medios convertir a ese ratón de biblioteca en un atleta como tú? ¿Te sientes frustrada porque alguien cercano a ti no tiene cabeza para los detalles, o puede vivir con el desorden, o es demasiado extrovertido, o es demasiado tonto para tu gusto? ¿Te molesta que tu marido se haya quedado calvo tan joven o que tu mujer tenga canas prematuras? ¿Te frustras porque eres completamente diferente a alguien cercano a ti?

Sé sincero: ¿alguna vez has intentado recrear a alguien a tu semejanza? Sin darse cuenta, eso es exactamente lo que Rob y Matt intentaban hacerse el uno al otro. Rob era un visionario que intentaba convertir a su compañero detallista en un soñador. Matt era un administrador que intentaba recrear a Rob a su imagen y semejanza (por el bien de la empresa, ¡claro!). Es bastante predecible: si no estoy afirmando la gloria de Dios en la forma en que te hizo (incluyendo las formas en que eres diferente a mí), me sentiré frustrado con lo que eres y tentado a rehacerte de alguna manera. Shawna le leía constantemente a Mike. Lo volvía loco. Ella

estaba convencida de que si le leía lo suficiente se entusiasmaría con los libros y se convertiría en el lector que ella siempre había querido que fuera. Su falta de voluntad para adorar a Dios como Creador de Mike provocó todo tipo de conflictos.

Si alguna vez voy a valorar quién eres y beneficiarme de nuestras diferencias, debo mirarte y ver la sabiduría del Creador. Pero hay más.

Si voy a amarte como debo, debo adorar a Dios como Soberano

Las palabras de Pablo en Hechos 17 son útiles aquí:

> De un solo hombre hizo Dios todas las naciones de los hombres, para que habitaran en toda la tierra; y determinó los tiempos que les correspondían y los lugares exactos donde debían vivir. (Hechos 17:26, adaptación de los autores)

Todos sabemos que nuestras vidas no han ido según nuestros planes. Todos sabemos que no hemos escrito nuestra propia historia. Pablo dice que esto se debe a que nuestra historia ha sido escrita por otro. Dios ha determinado específica y personalmente los detalles de cada una de nuestras vidas. Por eso mi historia es diferente de la tuya. Dios determinó exactamente dónde nacería cada uno de nosotros, los padres que nos criarían y la cultura en la que viviríamos. Cuando te miro a ti, necesito ver la mano soberana de Dios escribiendo perfectamente tu historia. La persona que eres y las respuestas que das a la vida han sido moldeadas por sus decisiones soberanas y tus respuestas a la historia que ha escrito para ti. Él determinó que formarías parte de las costumbres y la cultura de un determinado grupo étnico. Él decidió que vivirías en un entorno geográfico determinado. Determinó que vivirías en una familia concreta, con todos sus valores y normas, habladas y no habladas, que influyen poderosamente en ti. Y, lo que es más, determinó que te involucrarías en relaciones y situaciones fuera de tu hogar que también tendrían una poderosa influencia en todo lo que hicieras. ¿Qué es una relación? La intersección de las historias de dos personas. El problema es que en esa intersección se producen muchas tragedias.

“¿Qué es una relación? La intersección de las historias de dos personas. El problema es que en esa intersección se producen muchas tragedias.”

Si fallo en honrar la soberanía de Dios en las influencias que ha puesto en tu vida y la forma en que esas influencias te han formado, intentaré ocupar el lugar de Dios y clonarte a mi imagen. Tenderé a pensar que mi manera es mejor que la tuya, mi cultura mejor que la tuya, y mis costumbres y modales más apropiados que los tuyos. Estaré constantemente frustrado por ti y aún más frustrado por mis intentos de rehacerte a mi imagen. Rob, por ejemplo, desearía que Matt hubiera crecido en una familia en la que la gente se entusiasmara con el panorama general. Matt, por su parte, desearía que Rob no hubiera sido criado por *hippies* ¡a los que nunca les importaron demasiado los detalles de la vida!

También en nuestras relaciones, gran parte de la mala comunicación, los conflictos innecesarios y la frustración constante, se derivan de nuestras respuestas a las formas en que la otra persona es diferente de nosotros. Algunos valoran la comunidad; otros, la intimidad. Algunos atesoran dinero, mientras que otros piensan que está hecho para gastarlo. Algunos están acostumbrados a una cena familiar sentados; otros piensan que un bocadillo a la carrera está bien. Sencillamente, no somos iguales porque Dios decidió escribir historias diferentes para nosotros. Y nos ha colocado unos junto a otros porque es exactamente donde sabía que teníamos que estar para nuestro bien y para el cumplimiento de sus amorosos propósitos en la tierra. *¿Estás frustrado con alguien en tu vida? ¿Has estado tratando de moldearla para que encaje en tus preferencias personales?*

Para amarte como debo, debo adorar a Dios como Salvador

Adorar a Dios como Salvador significa que reconozco que soy un pecador en relación con otros pecadores. Recuerdo que tú todavía estás en medio de la obra redentora de Dios, como yo. Él todavía te está convenciendo, enseñando y cambiando tu corazón. Él está haciendo fielmente todas estas cosas en el mejor momento y de la mejor manera posible. Ninguno de nosotros llega a relacionarse con una persona acabada. La obra transformadora y redentora de Dios está en curso en todas nuestras vidas. Cuando lo olvido, me vuelvo santurrón, impaciente, crítico y juzgo. Cedo a la tentación de jugar a ser Dios y tratar de cambiarte como solo Dios puede hacerlo. A Rob y Matt simplemente les resultaba difícil trabajar junto a alguien que no era perfecto y que, por lo tanto, necesitaba la obra de cambio de Dios. Matt, por ejemplo, no quería seguir trabajando con alguien que no sabía cómo tratar a un socio con respeto. Pero Dios quiso que el acuerdo les ayudara a crecer a ambos.

Cuando fallo en adorar a Dios como Salvador, me despreocupo demasiado de mi pecado y me centro demasiado en el de los demás. Nuestras relaciones a menudo se dañan cuando tratamos de expiar nuestros propios pecados mientras condenamos a la otra persona por los suyos. Cuando se peca contra ti, serás impactado por las debilidades y fallas de esa otra persona. Cuando esto sucede, necesitas permitir que Dios te use como un instrumento en sus manos redentoras, en lugar de buscar hacer cambios en la otra persona tú mismo. Solo Dios puede lograr estas cosas. *¿Estás tratando de hacer en la vida de alguien lo que solo el Salvador puede hacer?*

En suma

Las buenas relaciones están arraigadas en la identidad y la adoración. Solo cuando recuerdo quién soy y adoro a Dios por quién es, puedo responderte con amor paciente, amable, esperanzado y valiente. Cuando Matt y Rob empezaron a ver correctamente sus identidades y empezaron a confiar en Dios por lo que solo Él podía hacer, su relación empezó a avanzar en una dirección positiva. Rob no se lo tomaba tan a pecho cuando Matt no estaba de acuerdo con sus planes para el negocio. Matt se desanimaba menos cuando Rob no le comunicaba respeto. Debido a los cambios de corazón que Dios estaba obrando en cada uno de ellos, pudieron planificar y trabajar mejor juntos. Continuaron lidiando con los mismos problemas, pero ahora podían resolverlos de maneras menos adversas y más productivas.

CAPÍTULO 7

HABLAR

Pero, si siguen mordiéndose y devorándose, tengan cuidado, no sea que acaben por destruirse unos a otros.

GÁLATAS 5:15

Se arrodilló y rodeó con el brazo a su hija pequeña, dirigiéndole tiernas palabras de consuelo. Su perro acababa de arrancarle el brazo a su osito de peluche favorito. Le dijo lo mucho que la quería y lo fácil que sería para mamá volver a coser a Teddy. Ella se secó los ojos y, mientras corría, recuperaba la sonrisa.

•

Sentados en mi despacho, el enfado entre ellos era palpable. Hacía mucho tiempo que no eran capaces de dirigirse una palabra civilizada. Ahora todo lo que decían estaba impregnado de sarcasmo y alimentado por la amargura. Usaban las palabras como pistoleros y cada uno había desarrollado una puntería muy buena. Me dolía oír las cosas feas que se decían con tanta facilidad. Me di cuenta de que no siempre había sido así. Hubo un tiempo en el que se decían las cosas más cariñosas, reconfortantes y alentadoras, un tiempo en el que disfrutaban bendiciéndose con palabras. Pero aquellos días habían pasado. Esto era la guerra y las armas estaban en llamas.

•

Mientras todos se reían de la historia que Jim acababa de contar sobre su mujer, pude ver una expresión de dolor en su rostro. Ya se lo había oído antes. Jim era un narrador nato y le encantaba entretener al público, pero nunca contaba historias divertidas sobre sí mismo. Liz siempre era el remate, y estaba claro que no disfrutaba con el papel. Pero Jim estaba mucho más centrado en ser el alma de la fiesta que en el dolor que estaba causando a su mujer. Estaba demasiado atrapado en la «diversión» del momento.

•

Su amistad era increíble. Eran capaces de decirse las cosas más duras, cosas que son difíciles de decir y de oír, y sin embargo podían decirlas con amor. Parecían evitar la adulación interesada y la crítica sin amor. No recortaban la verdad entre ellos, pero decían lo que había que decir de la mejor manera posible. Me impresionó el enorme respeto que sentían el uno por el otro, la facilidad con la que fluía su comunicación y lo dispuestos que parecían a escuchar al otro.

•

Parecía buscar cualquier oportunidad para discrepar, criticar o burlarse. Si no se callaba, usaba las palabras para herir. Aunque aún era un adolescente, su ira convertía sus palabras en un fuego ardiente que quemaba todo a su paso. Sabía que las palabras podían herir, y utilizó ese poder en su beneficio. Argumentaba cada punto, señalaba cada debilidad, se burlaba de todo el mundo y profería más amenazas de las que jamás podría cumplir. Sus padres y hermanos evitaban hablar con él. Era demasiado agotador e hiriente.

•

Era una calurosa tarde de verano en las montañas de Pensilvania. Se sentó con ocho pequeños niños inquietos y les explicó los misterios de la gracia de Dios con su Biblia en la mano. Sus palabras eran claras y bien escogidas. Parecía saber que lo que iba a decir esa noche tenía el poder de cambiar sus vidas para siempre. Nunca se impacientó cuando se inquietaron; nunca se desvió del tema. Sus palabras sonaban con autoridad, pero no porque gritara o sermoneara. Sus palabras tenían la autoridad de la gracia; parecía saber que eso era suficiente. Yo era uno de esos chicos y mi vida cambió para siempre gracias a las palabras que pronunció aquella noche.

¿Qué pasa con las palabras?

Siempre que hablo de hablar, me siento frustrado. Todas las palabras que utilizamos para describir la comunicación parecen demasiado utilitarias. «Tuvimos una *charla*». «Le di a ella la palabra». «Él me dio otro *discurso*». «Simplemente no podemos *comunicarnos*». «Fue una larga *discusión*». «Nos tomamos un tiempo para *compartir* el uno con el otro». «No hay suficiente *ida y vuelta* en nuestra relación». Las palabras no parecen tener suficiente carga. Parecen demasiado ordinarias. Quizá sea porque pensamos que la comunicación es ordinaria. Como nuestra comunicación tiene lugar en los momentos intrascendentes de la vida cotidiana, es fácil subestimar su importancia. Son raros los momentos en los que las palabras cambian literalmente la vida. La forma en que una persona responde a los pequeños momentos es lo que realmente marca el rumbo de su vida. Es en estos mil pequeños momentos donde se desarrolla el carácter que lleva a los grandes momentos importantes.

> **Todos los días le dices a la gente lo que piensas de ellos, lo que quieres de ellos y lo que te gustaría disfrutar con ellos.**

Tu comunicación diaria influye en la forma, la calidad y la dirección de tus relaciones. Cada día tus palabras ponen el tono a tus relaciones. Todos los días le dices a la gente lo que piensas de ellos, lo que quieres de ellos y lo que te gustaría disfrutar con ellos. Pero no lo haces en grandes momentos de oratoria. Lo haces en rápidos comentarios laterales en el dormitorio mientras te preparas para ir a trabajar, o en la acera cuando te subes al coche, o en la cocina cuando coges un bocadillo, o tomando el postre en el bistró local, o en el salón familiar durante un anuncio.

Como nuestra conversación vive en el mundo de lo ordinario, es fácil olvidar su verdadera importancia. Es fácil olvidar el impacto que nuestras palabras tienen en toda relación. Nunca ha habido una buena relación sin una buena comunicación. Y nunca ha habido una mala relación que no haya llegado a serlo en parte por algo que se dijo. Nuestra capacidad de expresarnos verbalmente es cualquier cosa menos ordinaria. Llega hasta el corazón de lo que Dios nos hizo como Creador, y de cómo nos está rehaciendo como Salvador.

"Como nuestra conversación vive en el mundo de lo ordinario, es fácil olvidar su verdadera importancia."

En este capítulo te invitamos a escuchar tus palabras y a evaluar el modo en que estas configuran tus relaciones. Más que eso, te invitamos a mirar tus palabras a través de la lente de las Escrituras. La Biblia tiene mucho que decir sobre nuestro mundo de palabras. La Biblia no considera este ámbito de la vida ordinario y sin importancia. De hecho, hace lo contrario. Atribuye a las palabras el extraordinario valor que realmente merecen. Este capítulo te invita a considerar la ayuda transformadora que puedes encontrar en la persona y las promesas del Señor Jesucristo para tu lucha con las palabras.

La perspectiva de Dios acerca de nuestras palabras

¿Qué ayuda ofrece la Biblia sobre las palabras? Quizá estés pensando: *Lo único que sé es que no me gustaría escuchar una grabación de todo lo que he dicho en el último mes. ¡Sería muy vergonzoso!* O *estoy en un matrimonio en el que parece que no hablamos. Cuando lo intentamos, la cosa se pone fea enseguida.* O tal vez: *No sé qué decirle a mi amiga cuando desahoga su corazón; siempre me faltan las palabras.* O quizá: *No estoy contenta con la forma en que hablo con mis hijos. Intento decir lo correcto, pero siempre acabo metiendo la pata.*

La buena noticia es que la Biblia habla prácticamente de cada una de estas experiencias. La Biblia puede ayudarte a diagnosticar dónde estás en tu conversación y cómo llegar adonde necesitas estar. He aquí una mirada a las palabras a través de la lente de las Escrituras.

Nuestras palabras tienen poder

Hay un proverbio asombroso que Eugene Peterson traduce así: «Las palabras matan, las palabras dan vida; son veneno o fruta, tú eliges».[1] Esto ilustra el poder constructivo y destructivo de las palabras, a la vez que nos alerta sobre el hecho de que nuestras palabras siempre tienen una dirección. Van hacia la vida o hacia la muerte. Lo más destructivo que pueden producir las palabras es la muerte, por lo que la frase «las palabras matan» pretende resumir todas las formas de hablar airadas, hirientes, calumniosas, egoístas, amargas, divisorias y degradantes. La frase «las palabras dan vida» resume todas las formas de comunicación alentadoras, reconfortantes, pacíficas, edificantes, agradecidas, unificadoras y amorosas. Como nuestras palabras tienen poder y dirección, siempre producen algún tipo de cosecha. Será una cosecha de vida, de consuelo, aliento, esperanza, comprensión, unidad y alegría, o una cosecha de muerte, de miedo, desánimo, falsedad, división y tristeza. Las palabras pueden abrir a alguien los misterios del universo. Las palabras pueden aplastar el espíritu de una persona, excitarla, enfurecerla o estimular su amor. Las palabras tienen poder.

> **“Como nuestras palabras tienen poder y dirección, siempre producen algún tipo de cosecha.”**

Nuestras palabras pertenecen al Señor

Puede parecer demasiado obvio decirlo, pero Génesis 1 deja claro que las primeras palabras que se pronunciaron fueron pronunciadas por Dios. El lenguaje no es un invento humano para utilizarlo de cualquier manera que sirva a nuestros intereses. Si Dios es el primer hablante, el lenguaje es una creación suya. Esto significa

[1] Eugene Peterson, *The Message* (Colorado Springs, CO: NavPress, 2002), Proverbios 18:21.

que nuestra capacidad de hablar nos fue dada por el Creador y existe para su gloria. Todo lo que digamos le pertenece y debe utilizarse para sus fines. En resumen, las palabras tienen una vocación elevada y sagrada. Las palabras te separan del resto de la creación, asemejándote más a Dios que a los animales. El don de la palabra nos llama a vivir y hablar de una manera centrada en Dios. Uno de nuestros mayores errores en comunicación es tomar las palabras como propias para usarlas a nuestro antojo. Esto es lo que hace el adolescente cuando se burla públicamente de un amigo. Es lo que hace el marido cuando critica a su mujer durante la cena. Es lo que hacen los amigos cuando chismean por teléfono. Esto es lo que hacen los padres exigentes y críticos. Todos ellos están robando la gloria de Dios al tratar las palabras como si fueran su propia creación.

El mundo de las palabras es un mundo de problemas

Nadie lo expresa con más fuerza que Santiago: "Si alguien nunca falla en lo que dice, es una persona perfecta, capaz también de controlar todo su cuerpo» (Santiago 3:2b). ¿Quién puede decir honestamente que todas sus palabras son bien intencionadas y apropiadas? ¿Quién no ha herido a alguien con palabras o ha utilizado las palabras con un propósito egoísta? ¿Quién no ha utilizado las palabras como arma de ira en lugar de instrumento de paz? No te permitas retroceder ante los problemas. Si eres sincero, tienes que admitir que tus relaciones se han visto perturbadas por las palabras tanto como lo han sido de ayuda. Santiago nos llama a admitir que nuestras palabras son los indicadores más poderosos y consistentes de nuestra necesidad de la gracia de Cristo. Santiago dice que, si no tuviéramos faltas en este aspecto, seríamos perfectos en todos los sentidos. Así que escucha tus palabras. ¿Acaso no revelan lo profunda que es tu necesidad de la gracia perdonadora de Dios? Manchamos nuestras relaciones con palabras irreflexivas y malvadas. Somos culpables de convertir este don en un arma. Necesitamos perdón y necesitamos ayuda.

Los problemas de las palabras son problemas del corazón

Cristo dijo: «El que es bueno, de la bondad que atesora en el corazón produce el bien; pero el que es malo, de su maldad produce el mal, *porque de lo que abunda en el corazón habla la boca*» (Lucas 6:45, énfasis de los autores). Nuestro problema con las palabras no es principalmente una cuestión de vocabulario, habilidad o sincronización. Alguna vez has dicho: «¡Uy, no quería decir eso!». Aunque por lo regular sería más certero decir: «¡Lamento haber dicho lo que quería decir!». Si el pensamiento, la actitud, el deseo, la emoción o el propósito no hubieran estado en tu corazón, no habrían salido de tu boca. Cristo no está diciendo que la gente nunca se meta los pies en la boca y diga alguna estupidez. Todos lo hemos hecho. Pero nos está pidiendo que seamos dueños de la conexión entre nuestros pensamientos, deseos y palabras. El verdadero problema de tu comunicación es *lo que quieres decir* y *por qué quieres decirlo*, lo que en última instancia no tiene nada que ver con tus habilidades lingüísticas. Cristo revela que el corazón es el que determina el qué y el por qué. Por lo tanto, si esperamos transformar la forma en que hablamos unos con otros, primero debe cambiar el corazón.

Un compromiso radical con la llamada de Cristo

Dios tiene una agenda para nuestras relaciones. Por eso, una comunicación adecuada no consiste tanto en conseguir lo que queremos de nuestras relaciones como en formar parte de lo que Dios está buscando hacer. Pablo lo capta poderosamente en 2 Corintios 5:20: «Así que somos *embajadores* de Cristo, como si Dios los exhortara a ustedes por medio de nosotros: «En nombre de Cristo les rogamos que se reconcilien con Dios» (énfasis de los autores). Un embajador solo hace una cosa: representar. Su trabajo consiste en encarnar a un rey que no está presente. Cada palabra que pronuncia está dirigida por los intereses y la voluntad del rey. Esto es exactamente lo que Dios nos llama a hacer. Lo que decimos debe estar impulsado por lo que Dios quiere realizar en nosotros y en la otra persona.

¿Qué es lo que Él quiere conseguir? Pablo lo capta también con una palabra: *reconciliación*. La intención de Dios es que «ya no vivamos para nosotros mismos, sino para aquel que murió y resucitó por nosotros» (2 Corintios 5:15, adaptación de los autores). Dios trabaja en cada situación y relación para recuperar nuestros corazones errantes. Quiere convertirnos en personas que estén más interesadas en lo que Él desea para nosotros, en lugar de centrarnos en nuestras propias voluntades y deseos. No cesará hasta que nos liberemos de nuestra esclavitud a una agenda de felicidad personal. Y nos llama a hablar de una manera que tenga en cuenta esta agenda de reconciliación.

Por desgracia, perdemos de vista la reconciliación de muchas maneras: cuando halagas a tu amiga porque quieres caerle bien. Cuando recortas la verdad para evitar un conflicto. Cuando le gritas a tu hijo por tener la habitación desordenada. Cuando lo único que te importa es ganar una discusión. Cuando te dejas llevar por los chismes. Cuando se te da mejor señalar lo que está mal que pedir perdón. Cuando usas las palabras para herir a alguien en lugar de ayudarle. Cuando tu comunicación es decididamente impersonal. Cuando tus palabras te convierten en el centro de atención.

Este es el punto: tus palabras siempre persiguen algún tipo de reino. O estás hablando como un mini-rey, buscando imponer tu voluntad en tus relaciones y circunstancias; o estás hablando como un embajador, buscando ser parte de lo que el *Rey* está haciendo. La batalla de palabras no tiene fin cuando dos reyes en miniatura hablan entre sí. Cuando nuestras palabras reflejan los deseos egoístas de nuestros corazones en lugar de la obra de reconciliación de Dios, nuestra lucha no tiene fin. Cuando utilizamos las palabras para establecer nuestra voluntad en lugar de someternos a la de Dios, nos sumimos en la dificultad. Si alguna vez vamos a ser ayudados, aquí es donde debemos empezar.

Por eso Santiago dice que nuestras palabras demuestran claramente nuestra necesidad de la gracia de Dios. Como pecadores, queremos lo que queremos cuando lo queremos, y a menudo vemos a los demás como obstáculos. Tratamos las palabras como si nos pertenecieran, como herramientas para conseguir lo que queremos. Cuando nos enfrentamos a lo poderoso que es nuestro propio interés, nos enfrentamos a la verdad de que solo un cambio en nuestros corazones puede producir un cambio en nuestras palabras.

Hablar como un embajador

¿Qué significa comunicar como un embajador? ¿Significa citar incesantemente las Escrituras o señalar constantemente el pecado de los demás? ¿Significa que nunca puedo hablar de deportes o del tiempo? ¿Y qué hay de la necesidad diaria de discutir los detalles de horarios, responsabilidades, problemas y planes con las personas con las que convivo? Una vez más, el apóstol Pablo nos ayuda en Efesios 4:29-30:

> No salga de vuestra boca ninguna palabra mala, sino solo la que sea buena para edificación, según la necesidad *del momento*, para que imparta gracia a los que escuchan. Y no entristezcáis al Espíritu Santo de Dios, por el cual fuisteis sellados para el día de la redención. (LBLA)

He aquí un modelo maravillosamente práctico de comunicación de un embajador. Hablar como embajador no consiste en usar palabras bíblicas; consiste en hablar con una agenda bíblica. Si quieres que tus palabras reflejen lo que Dios quiere más que lo que tú quieres, debes considerar tres cosas:

Considera a la persona («solo la que sea buena para edificación»)

La comunicación sana es una comunicación centrada en el otro. Cuando mis palabras se amoldan más a mis intereses que a los tuyos, pierden la capacidad de brindar refugio en momentos difíciles. Pablo dice que nunca debo decirte nada que no sea útil para ti. Puesto que Dios está centrado en rehacerte a su imagen, debo hablarte de manera que te edifique. No se trata solo de lo que digo, sino de cómo lo digo. Ahora tengo una agenda redentora para hablar de todo. Quiero que todas nuestras conversaciones sean redentoramente constructivas, desde los detalles más mundanos hasta las grandes decisiones de la vida. Nunca quiero que mis palabras sean un obstáculo para la obra que Dios está haciendo. *Las palabras de un embajador están siempre centradas en los demás.*

Considerar el problema (*«según la necesidad del momento»*)

Un embajador siempre se pregunta: «¿Cuál es el problema en este momento?». Antes de hablar, debo pensar con qué estás luchando y qué es lo que más necesitas. ¿Necesitas ánimo, consuelo, esperanza, dirección, sabiduría, valor, reprensión, advertencia, perdón, paciencia, enseñanza, corrección, agradecimiento, perspicacia, una descripción del trabajo, o algo más? Mis palabras deben responder a tu necesidad. *Las palabras de un embajador siempre se dirigen a la verdadera necesidad de la persona en ese momento.*

Considerar el proceso (*«para que imparta gracia a los que escuchan»*)

Esto significa que me centro en la mejor manera de decir lo que hay que decir. La comunicación de embajador no es únicamente el contenido de nuestras palabras, sino la manera de decirlas. A menudo decidimos decir lo correcto de la manera equivocada o en el momento equivocado. Pero el proceso de comunicación, tanto como el contenido de las palabras, tiene que beneficiar a la persona. Enfrentarse a una adolescente cinco minutos antes de que se vaya al colegio no ayuda, aunque el contenido sea correcto. Reprender a un amigo por una ofensa delante de los demás no sirve de nada. Pedirle a tu marido que piense en cómo le has herido mientras intenta conciliar el sueño no es útil. *Un embajador trata de decir lo correcto de la mejor manera.*

El modelo práctico de Pablo para guiar nuestras palabras termina con algo muy interesante: «Y no entristezcáis al Espíritu Santo de Dios». Cuando tú y yo hablamos como mini-reyes para salirnos con la nuestra, nuestras palabras son inútiles e inoportunas. No solo herimos y contristamos a otras personas, sino que también contristamos al Señor. Esta forma de hablar obstruye completamente lo que Él quiere hacer en y a través de nosotros en nuestras relaciones. Aquí es donde todos debemos recordar que nuestras relaciones han sido diseñadas como salas de trabajo para la redención, no como refugios para la felicidad humana. Si alguna vez vamos a dar gracia cuando hablamos, necesitamos que la gracia nos libere de nuestra esclavitud a nosotros mismos para que nuestras palabras puedan ser liberadas para ser usadas por Dios.

CAPÍTULO 8

OBSTÁCULOS

No te dejes vencer por el mal; al contrario, vence el mal con el bien.

ROMANOS 12:21

Por un lado, nunca debemos imaginar que podemos confiar en nuestros propios esfuerzos para pasar las próximas veinticuatro horas como personas «decentes». Si Él no nos apoya, ninguno de nosotros está a salvo de algún pecado grave. Por otra parte, ningún grado posible de santidad o heroísmo que haya sido jamás registrado en los más grandes santos está más allá de lo que Él está determinado a producir en cada uno de nosotros. El trabajo no se completará en esta vida: pero Él quiere llevarnos lo más lejos posible antes de la muerte.[1]

El conflicto con los demás es una de las formas misteriosas e ilógicas que tiene Dios de rescatarnos de nosotros mismos. Dios lo utiliza para llevarnos a donde quiere antes de que muramos. Como no solemos pensar que las pruebas puedan utilizarse de forma tan positiva, esta verdad nos toma por sorpresa. Pero no

[1] C. S. Lewis, *Mere Christianity* (Nueva York: Macmillan, 1943), 173-174.

> **El conflicto con los demás es una de las formas misteriosas e ilógicas que tiene Dios de rescatarnos de nosotros mismos.**

debería. Todo tipo de sufrimiento, incluido el conflicto con los demás, puede ser redentor por la gracia de Dios. Por redentor, queremos decir que Dios puede utilizar el conflicto (así como todo lo demás en nuestras vidas) para vencer el pecado en nosotros y hacernos más como Cristo, con un amor por Él y por los demás que refleje su naturaleza.

Agendas contradictorias

La opción que Ashley tenía ante sí parecía obvia, incluso bíblica. Su amiga acababa de hacerle daño y estaba enfadada, pero todo el asunto llevaba años gestándose. La competencia había infectado lentamente la amistad. Ashley odiaba cómo habían ido las cosas y solo quería que terminaran. ¡Ahora era el momento de decir lo que pensaba!

Durante casi cinco años, Ashley y Hannah habían trabajado codo con codo en el ministerio universitario. Les encantaba lo que hacían y les encantaba hacerlo juntas. Pero Hannah había estado tratando poco a poco de socavar la relación de Ashley con los estudiantes. Quería que la vieran como la más capaz y la que estaba al mando. Por decirlo sin rodeos, quería gustar y admirar a los alumnos más que Ashley. Ahora Ashley sentía que las cosas se habían salido de control, así que concertó una cita para reunirse con Hannah.

Ashley comenzó la reunión acusando a Hannah de hablar negativamente de ella con algunos alumnos. «¡No puedo creer que hables así a mis espaldas! Nunca te he hecho eso y nunca lo haría». El dolor de Ashley había hervido en ira y acusación. Hannah lo negó todo. «No puedo creer que me acuses de decir esas cosas a otras personas. Pensaba que nuestra amistad era más fuerte que eso. ¿Cómo es que te lo has guardado durante cinco años? ¿Por qué no acudiste a mí antes?».

Mientras las dos hablaban, empezó a surgir el origen del problema. Mientras hablaba con alguien a quien Ashley no le importaba, Hannah había hecho un comentario casual sobre lo «orientada a las tareas» que podía llegar a ser Ashley. Dijo que a veces era un verdadero suplicio vivir con ella. Este comentario cobró vida propia cuando la otra persona lo repitió a otras, con sus propios adornos. Finalmente, aquel mensaje estaba de regreso con Ashley. Para entonces sonaba como si Hannah la viera como un demonio orientado a las tareas, que solo utilizaba a la gente para lograr sus objetivos ministeriales.

Este pequeño conflicto no fue una tempestad en una tetera. Ashley y Hannah tenían agendas importantes que causaron una colisión en su amistad. Hannah había insinuado que las maneras controladoras de Ashley no eran solo un aspecto de su temperamento, sino un pecado. Es cierto que su comentario fue sutil, pero fue premeditado y calculado para hacer quedar mal a Ashley ante esta alumna en particular. Hannah buscaba decir: «Soy mejor que Ashley y deberías admirarme más».

Afrontar el conflicto sin rodeos

Es inevitable. Si vives con otros pecadores, tendrás conflictos. Cuanto más cerca estés de alguien, mayor será el potencial de conflicto. Las relaciones son costosas, pero también lo es evitarlas. Si eliges evitarlas, minimizarás el conflicto en tu vida, pero esa seguridad tiene sus propias responsabilidades. Si eliges afrontar el conflicto sin rodeos, está lleno de riesgos y de la posibilidad de herir mucho; pero también puede ser redentor. En cualquier caso, tu decisión no te dejará indiferente. ¿Cuál es tu tendencia? ¿Tiendes a evitar los conflictos? ¿Te apresuras al respecto? ¿O entras en el conflicto con una perspectiva centrada en Dios?

> **“Es inevitable. Si vives con otros pecadores, tendrás conflictos.”**

Si lo que hemos dicho en este libro es cierto, hay opciones correctas e incorrectas. Y si lo que hemos estado diciendo sobre el

Dios trino es cierto, debes acercarte a la gente, no alejarte de ella. Recuerda que Padre, Hijo y Espíritu se separaron cuando Jesús murió para que pudiéramos abrazarnos unos a otros en lugar de excluirnos. Tenemos que estar dispuestos a afrontar los conflictos. Dios quiere que crezcamos; y este es un lugar crucial en el que a menudo se produce el crecimiento. Quiere que nos parezcamos más a Cristo, y quiere utilizar a los demás para que eso suceda. Quiere que Ashley y Hannah reflejen su imagen. Él las ha puesto juntas para lograr este propósito. Sin duda, ni Ashley ni Hannah piensan que Dios haya tomado la decisión correcta. Y si estás en medio de un conflicto en este momento, probablemente sepas cómo se sienten. Pero es verdad: Dios está trabajando horas extras para rescatarte de ti mismo.

Causa y cura de los conflictos impíos

¿Por qué nos peleamos? ¿Por qué luchamos con otras personas? ¿Por qué no puede haber al menos una relación en nuestras vidas etiquetada como «no conflicto»? ¡Algunas personas piensan que para eso está el matrimonio! Tales personas se van a llevar una sorpresa. En realidad, el matrimonio es el lugar más propicio para los conflictos. Pero las relaciones estrechas como el matrimonio son también los lugares más propicios para que se produzca un cambio sobrenatural.

> **“¿Por qué no puede haber al menos una relación en nuestras vidas etiquetada como «no conflicto»?”**

Si tienes un problema, es bueno entonces que haya conflicto. ¿Por qué? Porque el conflicto es un problema que la Biblia aborda muy directamente. No hace falta ser un experto biblista para obtener ayuda en ella. Todo lo que se necesita es un corazón preparado y dispuesto a escuchar la respuesta. Un pasaje que diagnostica la razón del conflicto y ofrece una cura se encuentra en el muy práctico libro de Santiago.

Pregunta 1: ¿Por qué nos peleamos entre nosotros?

Buena pregunta. Santiago hace la misma pregunta. De modo que podemos estar agradecidos de que él también la responda.

> ¿De dónde surgen las guerras y los conflictos entre ustedes? ¿No es precisamente de las pasiones que luchan dentro de ustedes mismos? Desean algo y no lo consiguen. Matan y sienten envidia, y no pueden obtener lo que quieren. Riñen y se hacen la guerra. No tienen, porque no piden. Y, cuando piden, no reciben porque piden con malas intenciones, para satisfacer sus propias pasiones. (Santiago 4:1-3)

¡Vaya que esto es bellamente conciso! Nótese que Santiago está diciendo justo lo contrario de lo que solemos decir en los conflictos. Por lo regular decimos cosas como: «Hice eso porque tú…» o «No me enfadaría tanto si tú no hubieras…». Nuestra típica respuesta al conflicto es señalar con el dedo a nuestro oponente. Nos sentimos justificados porque la persona a menudo ha hecho algo molesto, frustrante o incluso francamente pecaminoso. Pero Santiago no nos libra del grillete tan fácilmente. Aclara que, aunque alguien haya pecado contra nosotros, ¡la razón por la que peleamos es porque hay algo malo dentro de nosotros! Dice: «¿No vienen estas peleas de tus deseos que batallan dentro de ti? Quieres algo pero no lo consigues». La palabra «deseo» que Santiago usa aquí es una palabra que se traduciría mejor como «deseo egoísta». Todos los deseos no son malos. Pero un deseo egoísta sí lo es.

El otro día estalló un conflicto entre mi mujer y yo en la cocina. Yo estaba poniendo los platos en el lavavajillas y ella estaba preparando la cena. Nos estorbamos mutuamente y luego nos pusimos sarcásticos. Le dije: «¡No me gustaría estorbarte mientras cargo el lavavajillas!». Ella respondió: «¡No me gustaría estorbarte mientras preparo la cena!». ¿Qué estaba pasando? Yo deseaba realizar una tarea y me sentía bastante orgulloso de ser un marido sacrificado. Mi esposa también deseaba realizar una tarea y se sentía orgullosa de lo sacrificada que era como esposa y madre. A primera vista, ambos deseos eran buenos: Yo quería ayudar en la cocina y ella quería servir a la familia preparando la cena. Pero estos deseos pronto dejaron de ser buenos para convertirse en egoístas. Yo quería servir, pero tenía que ser a mi manera y en mi horario. Mi esposa quería servir, pero quería hacerlo sin distracciones. El egoísmo se manifestó en nuestros comentarios santurrones. Ambos queríamos ser reconocidos por nuestro servicio, y cuando eso no sucedió tuvimos un conflicto. Separamos nuestro servicio de la gloria de Dios y del bien del otro y lo convertimos en autoservicio: «Serviré cuando quiera y quiero que me aprecien cuando lo hago».

¿Qué tiende a producir conflictos en tu vida? ¿Es la comodidad, el placer, el reconocimiento, el poder, el control o la aceptación? He aquí cómo esas cosas buenas pueden convertirse en «deseos egoístas» que conducen al conflicto. (Nótese, sin embargo, que lo opuesto a lo que queremos es lo tememos). *Estas cosas no son pecaminosas en sí mismas hasta que se vuelven egoístas.* La comodidad, el placer, el reconocimiento, el poder, el control o la aceptación pueden ser bendiciones que hay que disfrutar. Pero se vuelven pecaminosas cuando permitimos que pasen de ser bendiciones a ser cosas que reemplazan a Aquel que bendice. Considera cómo las siguientes cosas buenas se transforman en algo pecaminoso:

Comodidad. Quiero, debo tener y merezco comodidad, ¡y más vale que no te interpongas en mi camino para conseguirla! Temo al trabajo duro.

Placer. Quiero, debo tener y merezco placer, ¡y más vale que me lo des! Temo al dolor.

Reconocimiento. Quiero, debo tener y merezco reconocimiento o estaré destrozado. Temo que me pasen por alto.

Poder. Quiero, debo tener y merezco el poder, ¡y más vale que hagas lo que digo! Temo que me digan lo que tengo que hacer.

Control. Quiero, debo tener y merezco el control, ¡y tú sentirás la peor parte de mi decepción si desordenas mi pequeño y ordenado universo! Temo a lo imprevisible.

Aceptación. Quiero, debo tener y merezco ser aceptado, ¡y eres responsable de hacérmelo sentir! Temo al rechazo.

¿Te identificas con alguna de ellas? Quizá puedas añadir algo a esta lista. Piensa en la última vez que tuviste un conflicto con otra persona. ¿Qué deseo se volvió feo al volverse egocéntrico? Santiago dice que estos son los tipos de cosas que burbujean bajo la superficie del conflicto. Tanto Ashley como Hannah están luchando a este nivel. ¿Cuál es el verdadero problema en su relación?

Tal vez dirías que Hannah no debería haber hablado negativamente de Ashley a otra persona. También podrías decir que Ashley se enfrentó a Hannah de una manera impía cuando su reputación se vio empañada. Ambas afirmaciones son ciertas; pero los problemas en su relación son más profundos.

Para Ashley, su reputación le importaba más que cualquier otra cosa. Para Hannah, lo que más le importaba era el reconocimiento en el ministerio. Ninguno de los dos deseos es malo en sí mismo; pero Hannah y Ashley habían permitido que se convirtieran en cosas que deseaban más que el bien de Dios o del otro. Una buena reputación y el reconocimiento pueden ser cosas buenas, pero no cuando son dominantes en la vida y lo consumen todo. Tan pronto como se divorcian de la gloria de Dios y de las necesidades de los demás, se convierten en autoglorificación y autocomplacencia. En otras palabras, la gloria de Dios y el amor al prójimo han sido sustituidos por la autogloria y el amor propio. ¿Ves cómo las cosas se han puesto patas para arriba?

Pregunta 2: ¿Qué se ha vuelto más importante para mí que mi relación con Dios?

Santiago nos hace esta pregunta porque quiere que veamos lo grave que es hacer de algo como la comodidad, el placer, el poder, el control, la aceptación o el reconocimiento un deseo egoísta. Si no reconoces esto, no crecerás en tu capacidad de manejar el conflicto de una manera redentora.

> ¡Oh gente adúltera! ¿No saben que la amistad con el mundo es enemistad con Dios? Si alguien quiere ser amigo del mundo se vuelve enemigo de Dios. (Santiago 4:4)

Cuando damos prioridad en nuestras vidas a algo que no es Dios, Santiago dice que nos hemos hecho demasiado amigos del mundo y hemos cometido adulterio espiritual. Este no es un asunto menor. Ashley y Hannah, que son cristianas en crecimiento, han hecho que la reputación y el reconocimiento sean más importantes que la gloria y la gracia de Dios. Solo Dios merece su lealtad y atención porque sólo Él es Dios. Pero han hecho de un pedazo de la creación su mejor amigo y su enfoque principal. Se han enamorado de algo que no es Dios.

¿Ves cómo este versículo es a la vez mordaz y alentador? Cuando Santiago dice que somos culpables de adulterio, utiliza dos metáforas para describir la relación que tenemos con Dios. La imagen del adulterio significa que estamos casados con Dios. Cuando dice que somos culpables de amistad con el mundo, da a entender que Dios es nuestro único amigo legítimo. Para cualquiera que conozca la Biblia, ¡esto es maravillosamente ambiguo! Un Dios absolutamente santo, que no quiere ni puede tolerar el pecado, ¡nos ha hecho su novia y amigo a través de la vida, muerte y resurrección de Jesús!

¿Ves cómo las cosas buenas e inocentes pueden llegar a ser más importantes para nosotros que Dios? Cuando estaba cargando el lavavajillas, pasé de servir a otra persona a servirme a mí mismo. Estaba buscando la gloria propia y era culpable de amor propio. ¿Por qué cosas inocentes y buenas vives más que por Dios? Piensa en la última vez que experimentaste una irritación impía con un amigo, cónyuge, compañero de trabajo o hijo. Pregúntate: *¿Qué fue más importante para mí que la gloria de Dios?* ¿Qué bendición temporal querías y no has conseguido? ¿Qué temías que pasaría si no conseguías lo que querías? Estas son buenas preguntas para aprender a participar en conflictos de manera piadosa.

Pregunta 3: ¿Qué hace Dios con las personas que le abandonan por otra cosa?

Pensemos en una pareja casada en la que uno de los miembros tiene una aventura de una noche. Esta persona ha traicionado a la persona con la que se supone que está más comprometida. Ha compartido con otro una intimidad que solo el cónyuge puede reclamar. ¿Qué esperarías que hiciera el cónyuge ofendido? ¿Esperarías que esa persona actuara como si no hubiera pasado nada? ¿Y si el cónyuge ofendido dijera: «¡Oh, no pasa nada!». ¿No te preguntarías si a esa persona realmente le importa el matrimonio? Si al cónyuge ofendido le importara lo más mínimo el matrimonio, esperarías ver algo de celos e ira por la infidelidad, ¿no?

Lo mismo ocurre con Dios. Él no es indiferente cuando le somos infieles. Es un Dios celoso que se preocupa profundamente por su relación con nosotros. Incluso cuando nos desviamos y nos encontramos en los brazos de falsos amantes, se moviliza para actuar en nuestro favor. Dios nos persigue por nuestro bien, como vemos en estos sorprendentes versículos:

> ¿O creen que la Escritura dice en vano que Dios ama celosamente al espíritu que hizo morar en nosotros? Pero él nos da mayor ayuda con su gracia. Por eso dice la Escritura:
>
> «Dios se opone a los orgullosos, pero da gracia a los humildes». (Santiago 4:5-6)

Estos versículos son algo difíciles de descifrar, pero aquí está lo esencial de lo que Dios hace cuando nos desviamos. Cuando nos alejamos de Dios, el Espíritu que ha derramado sobre nosotros y que ahora vive en nosotros se vuelve muy preocupado y celoso. Una mejor manera de traducir la palabra «celos» es «fervor». La palabra «celoso» tiene connotaciones negativas, pero en realidad puede ser una palabra muy positiva. Como la persona cuyo cónyuge ha sido infiel, Dios es fervoroso para hacer lo que sea necesario para recuperar el afecto de nuestros corazones. No lo hace porque nos necesite; lo hace porque nos ama. Cuando nos persigue y nos humillamos y volvemos a Él, ¡entonces derrama aún más gracia!

¿Qué crees que suele utilizar Dios para recuperar nuestro afecto? Irónicamente, ¡utiliza a otras personas! Esa es una de las bendiciones del conflicto. Él usa las temporadas difíciles en nuestras relaciones para permitirnos ver en qué cosas solemos vivir aparte de Él. Tomemos la pequeña discusión que tuve con mi esposa en la cocina. La única manera en la que podría darme cuenta de que a veces sirvo a los demás por mi propia gloria y amor propio era poner a mi esposa a mi lado en la cocina. ¡La única manera de que mi esposa viera sus propias tendencias pecaminosas era ponerme en la cocina con ella! Esto es así en todas nuestras relaciones. Dios usa a otras personas de manera misteriosa y contra toda lógica para rescatarnos de la autogloria y el amor propio. ¿Por qué lo hace? ¡Porque nos ama más de lo que nos amamos a nosotros mismos!

Considere a Hannah y Ashley. Ambas eran cristianas maduras y, sin embargo, luchaban entre sí a un nivel fundamental. Sin Ashley, Hannah no sería capaz de ver que a menudo vive para ser reconocida por su servicio cristiano. Lo mismo ocurre con Ashley. Dios las ama a ambas, así que las puso juntas para que pudieran verse a sí mismas y crecer en arrepentimiento y fe. ¿A quién está usando Dios en tu vida de esta manera? ¿Ves que tu sabio, soberano y misericordioso Redentor está actuando en tu favor cuando puso a esta persona en tu vida? Si es así, estás creciendo en tu capacidad de participar en el conflicto de manera piadosa. Recuerda, no puedes evitar el conflicto, ¡pero puede ser un lugar donde asombrosamente ocurra el crecimiento!

Pregunta 4: Una vez rescatados, ¿qué debemos hacer?

La respuesta a esta pregunta se encuentra en Santiago 4:7-10. Ver el amor redentor de Dios debería llevarnos a crecer en el gozo del arrepentimiento y la fe diarios. Ver, admitir, confesar y abandonar el pecado (arrepentimiento), en combinación con ver, reconocer y adorar a Cristo (fe), es la única dinámica que puede cambiar a un guerrero en un pacificador. Estos versículos combinan la aleccionadora realidad de nuestro pecado con las promesas de la gracia que cambian la vida:

> Así que sométanse a Dios. Resistan al diablo, y él huirá de ustedes. Acérquense a Dios, y él se acercará a ustedes. ¡Pecadores, límpiense las manos! ¡Ustedes los inconstantes, purifiquen su corazón! Reconozcan sus miserias, lloren y laméntense. Que su risa se convierta en llanto, y su alegría en tristeza. Humíllense delante del Señor, y él los exaltará. (Santiago 4:7-10)

Santiago llama a la persona en conflicto a participar en la guerra espiritual. El diablo utiliza partes de la creación para atraer tu corazón aún pecaminoso lejos de Dios. Quiere que caigas presa de la gloria y el amor propio. Santiago ya ha dicho que estás recibiendo gracia para que puedas humillarte. Ahora *te ordena* que seas humilde y clames a Dios pidiendo ayuda. A través de este proceso, tu corazón cambia y empiezas a ver que tu lealtad a algo que no es Dios es un asunto serio. Al arrepentirte, experimentas la purificación de tu corazón, y tu comportamiento empieza a cambiar también. Cuando eres humillado por la gracia de Dios, Él promete levantarte. Estas siendo convertido al lado correcto. Estás colocando tu vida dentro del círculo más grande de la gloria de Dios y renovando tu amor por él. Ahora los conflictos pueden ser piadosos, y empiezan a suceder cosas buenas entre tú y otras personas. Como dice C. S. Lewis, cuando pones lo primero en primer lugar, lo segundo aumenta, no disminuye.

Esa noche, en la cocina, mi esposa y yo experimentamos la gracia de Dios y nos movimos en una dirección diferente después de nuestro desacuerdo. En lugar de continuar señalando con el dedo y luchando por nuestra propia gloria, autoprotección y amor propio, confesamos nuestro pecado, pedimos perdón y continuamos trabajando juntos. Tal vez te preguntes por qué comparto un incidente tan insignificante. Es porque si no crecemos en estos pequeños momentos, no creceremos cuando vengan los tiempos más difíciles. Si Ashley y Hannah no pueden crecer en su relación, donde hay una cantidad significativa de compromiso y amor, ¡¿cómo van a crecer cuando sean llamadas a amar a un enemigo?!

Seamos prácticos

Para aplicar lo que Santiago 4 enseña, hay que empezar con relaciones basadas en el compromiso y el amor. Dentro de esas relaciones puedes empezar a formar hábitos que se pueden practicar más tarde en momentos más difíciles de conflicto. ¿Cómo es participar en un conflicto piadoso al calor del momento? He aquí algunas sugerencias:

Comprender que el conflicto es una de las formas en que Dios actúa en nuestras vidas

El conflicto puede ser bueno. Dios mismo entra en conflicto. De hecho, la Biblia es un libro sobre Dios que entra en conflicto para salvarnos. Viene humildemente, en la persona de Cristo, y lucha en nuestro favor contra los estragos del pecado. Sufre, muere y resucita como vencedor del pecado y de la muerte. Nos llama a imitarlo cuando entramos en conflicto con los demás. ¡El conflicto piadoso es un acto de compasión!

Identifica lo que genera conflictos impíos en tu vida

¿Qué tiende a alejar tu lealtad y afecto de Dios? Sé específico y no te sorprendas si cada instancia de conflicto impío revela un ídolo diferente en su vida. ¿Es la aceptación, el poder, el control, el reconocimiento, la comodidad, el placer o tener la razón? Estos son los ídolos más comunes en la vida de las personas.

Reconoce tu estrategia establecida en los conflictos

La mayoría de nosotros tenemos una estrategia establecida que utilizamos para conseguir lo que queremos. ¿Te gusta pelear porque debes tener siempre la razón? ¿Evitas el conflicto porque no quieres que la gente te desapruebe? ¿Evitas los conflictos porque no te gusta la incomodidad?

Entablar una guerra espiritual específica e inteligente

Cuando ves para qué usualmente vives y cómo intentas conseguirlo, puedes empezar a crecer en arrepentimiento y fe. Quieres ser brutalmente honesto sobre tu pecado, pero también quieres tener una ardiente esperanza en lo que Cristo ha hecho por ti en la cruz. Es importante recordar que, debido a que tienes el Espíritu Santo, ¡ya tienes los recursos disponibles para luchar contra el conflicto impío!

Considera a la otra persona

A medida que tu corazón es reclamado por la gracia de Dios, hazte preguntas acerca de cómo será participar en un conflicto piadoso. ¿Necesitas perseguir a alguien y confrontarlo? ¿Necesitas ser paciente y animarlo? ¿Necesitas pasar por alto una ofensa? ¿Qué pecados y debilidades de la otra persona debes tener en cuenta al decidir cuál será tu próximo paso? En 1 Tesalonicenses, el apóstol Pablo anima cariñosamente a la iglesia a participar en conflictos piadosos unos con otros. En los versículos 14-18 del capítulo 5, Pablo dice que hay diferentes maneras de confrontar, basadas en lo que la persona necesita y lo que la edificará.

> Hermanos, también les rogamos que amonesten a los holgazanes, estimulen a los desanimados, ayuden a los débiles y sean pacientes con todos. Asegúrense de que nadie pague mal por mal; más bien, esfuércense siempre por hacer el bien, no solo entre ustedes, sino a todos.
>
> Estén siempre alegres, oren sin cesar, den gracias a Dios en toda situación, porque esta es su voluntad para ustedes en Cristo Jesús. (1 Tesalonicenses 5:14-18)

Hay momentos para advertir, animar y ayudar a la persona con la que tenemos un conflicto. Estamos llamados a ser siempre pacientes y a renunciar a la venganza.[2] El versículo 16 fundamenta este tipo de estilo de vida en la adoración. Si no adoramos a Dios y lo mantenemos en primer lugar en nuestras vidas, fracasaremos miserablemente y haremos más por dañar a la gente que por ayudarla.

Elabora un plan para acercarte a la persona

Si crees que la paciencia se ha agotado y necesitas abordar un asunto, dirígete a la persona de esta manera:

Asume cualquier pecado personal que hayas aportado a la situación. Hazlo solo si tienes pecado que asumir. A veces lo harás y a veces no. La mayoría de las veces traemos pecado a la situación, así que no tengas miedo de admitir dónde no has amado bien. Tu confianza en la justicia de Cristo (no en la tuya) ¡es lo único que te permitirá hacer esto!

Nombra el problema. Puede haber más de un problema. Sé específico para que ambos traten el mismo problema. ¡Trata con un solo problema a la vez!

Explora posibles soluciones. Mantente centrado en el problema y ven con ganas de solucionarlo. Sugiere posibles soluciones alternativas y elige una para ponerla en práctica.

Aplica la solución acordada. Sé concreto y determina cómo será.

Evalúa su aplicación. Comprométanse a reunirse de nuevo y evaluar cómo está funcionando la solución. Este compromiso es una forma de responsabilidad. Comunica un profundo compromiso con la relación.

Si se atascan y las cosas no mejoran, manténganse dispuestos a buscar ayuda externa. Juntos debéis elegir a una persona que crean que respetará a ambas partes del conflicto.

---

[2] Hablaremos más sobre perdonar a los demás en el próximo capítulo. Pedir y ofrecer perdón son partes fundamentales para redimir nuestras relaciones. Cometeremos errores, ¡pero aun así hay esperanza!

¡Nadie dijo nunca que los conflictos fueran divertidos! Pero la vida cristiana no siempre es divertida. Eso no es lo más importante para Dios. Él está comprometido con algo mucho más grande. Su plan del reino implica una restauración total de lo que Él ha hecho. Él no se conformará con nada menos en su creación que ver que todas las cosas al final le traen gloria. Él será el centro de todo al final de la era, y cuando eso ocurra estaremos muy satisfechos. Ahora mismo, está utilizando el conflicto para llevar a cabo este plan global en ti. ¡Anímate, porque Él está presente en tus luchas y está peleando a tu favor!

“¡Anímate, porque Él está presente en tus luchas y está peleando a tu favor!”

Empezamos el capítulo con una cita de C. S. Lewis. Completémosla aquí:

> Por eso no debemos sorprendernos si pasamos por momentos difíciles. Cuando un hombre se convierte a Cristo y parece que le va bastante bien (en el sentido de que algunos de sus malos hábitos se han corregido), a menudo siente que lo natural sería que las cosas fueran del todo bien. Cuando llegan los problemas (enfermedades, problemas económicos, nuevas tentaciones) se siente decepcionado. Estas cosas, siente, podrían haber sido necesarias para despertarlo y hacer que se arrepintiera en sus malos tiempos; pero ¿por qué ahora? Porque Dios lo está obligando a subir a un nivel más alto: lo está poniendo en situaciones en las que tendrá que ser mucho más valiente, o más paciente, o más amoroso, de lo que jamás soñó ser antes. Todo esto nos parece innecesario, pero es porque aún no hemos tenido la menor noción de lo tremendo que Él quiere hacer de nosotros.
>
> Creo que debo tomar prestada otra parábola de George MacDonald. Imagínate a ti mismo como una casa viva. Dios viene a reconstruir esa casa. Quizás al principio puedas entender lo que está haciendo. Está arreglando los desagües,

parando las goteras del tejado, etc. Sabías que había que hacer esas cosas y no te sorprendes. Pero de repente empieza a revolver la casa de una manera que duele mucho y no parece tener sentido. ¿Qué está haciendo? La explicación es que está construyendo una casa muy distinta de la que tú pensabas (proponer un área nueva aquí, un piso extra allá, levantar torres, crear patios). Creías que te iban a hacer una casita decente, pero Él está construyendo un palacio. Él tiene la intención de venir a vivir en él.[3]

[3] C. S. Lewis, *Mere Christianity* (Nueva York: Macmillan, 1943), 174.

CAPÍTULO 9

PERDÓN

> Me has quitado a todos mis amigos
> y ante ellos me has hecho aborrecible.
> Estoy aprisionado y no puedo librarme;
> los ojos se me nublan de tristeza.
>
> **SALMO 88:8-9**

Grace se sintió traicionada, y lo había sido. Su marido John había conocido a alguien en Internet seis meses antes; habían estado teniendo una aventura durante los últimos tres. Grace se enteró cuando utilizó el nombre de usuario de John para entrar en su ordenador. Cuando vio la cadena de mensajes instantáneos, se sintió desolada. ¿Qué iba a hacer? Oscilaba entre querer vengarse y culparse a sí misma.

•

Al principio de su adolescencia, un familiar abusó de Heather. Ahora estaba en la universidad y vivía bajo una nube de culpa. Llevaba el pelo largo porque le cubría la cara; lo sentía como una forma de protección. Al igual que Grace, oscilaba entre la venganza y la culpa.

•

Andy y Melissa llevaban veinte años casados. Su matrimonio era fuerte y estaba creciendo. Pero hace unos días, Melissa se había irritado cuando Andy llegó tarde del trabajo. Ella le dijo algo sarcástico, ni siquiera podía recordar qué. Pero la respuesta de Andy fue de enojo, autojustificación y crítica. Días más tarde, la tensión seguía ahí. El pecado se había deslizado sobre ellos y había creado una barrera entre ambos.

•

Bill amaba a sus hijos y quería que crecieran y se convirtieran en adultos piadosos. Ahora eran adolescentes desarrollando sus propias mentes. Un día, Michael, el hijo de Bill, entró por el patio trasero y dio un portazo. Estaba enfadado porque su hermano había incumplido su promesa de jugar al baloncesto. Bill se levantó inmediatamente y le gritó a Michael por estar tan enfadado. «Hijo, tienes un problema y no voy a tolerarlo más. ¡Tu ira está fuera de control! ¡Ve afuera y cálmate!». Cuando Michael escuchó a su padre gritar, le respondió gritando, se dio la vuelta y salió corriendo por la puerta.

¿Territorio conocido?

¿Qué tienen en común estas viñetas? ¿Te ves reflejado en alguna de ellas? Las dos primeras se refieren a graves problemas de infidelidad y abusos. Las dos últimas parecen más ordinarias. Cada historia incluye a personas que pecan y contra las que se peca. Esto es un hecho cuando vivimos en un mundo con otros pecadores.

“Cuando optamos por practicar el verdadero perdón, la relación no solo vuelve al punto en el que estaba antes de la ofensa, sino que avanza hacia la madurez.”

Cada situación presenta la necesidad y la oportunidad de practicar el perdón. Es bastante frecuente en estas situaciones elegir vengarnos o pretender ignorar las ofensas. Cuando rechazamos la oportunidad de perdonar o de pedir perdón, la relación se resiente. Cuando optamos por practicar el verdadero perdón, la relación no solo vuelve al punto en el que estaba antes de la ofensa, sino que avanza hacia la madurez. Cada uno de estos escenarios es diferente en grado, no en especie. En cada uno de ellos, surgen preguntas: «¿Cómo se puede restaurar esta relación y hacerla más significativa?».[1] «¿Cómo luciría practicar el perdón?». «¿Cómo puedo perdonar sin actuar como diciendo "está bien lo que hizo"?». «¿Dónde encontraré el deseo de perdonar o pedir perdón?». «De cualquier manera, ¿qué *es* el perdón?».

Nadie vive un día sin tener que hacerse estas preguntas y, sin embargo, el perdón es una de las actividades menos practicadas en la comunidad cristiana, si es que se practica. Lo sé por experiencia personal y pastoral. Llevaba casi veinte años de cristiano y casi diez de casado ¡antes de comprender lo que significaba practicar el perdón con mi esposa! Y, sin embargo, la Biblia habla de practicar el perdón como si fuera algo cotidiano. C. S. Lewis lo resume muy bien:

> Perdonar las incesantes provocaciones de la vida cotidiana (seguir perdonando a la suegra mandona, al marido acosador, a la esposa regañona, a la hija egoísta, al hijo engañoso), ¿cómo podemos hacerlo? Creo que solo si recordamos dónde estamos, si damos sentido a nuestras palabras cuando rezamos cada noche: «Perdona nuestras ofensas como nosotros perdonamos a los que nos ofenden». No se nos ofrece el perdón en otras condiciones. Rechazar esto es rechazar la misericordia de Dios para con nosotros. No hay excepciones y Dios habla en serio.[2]

El Padrenuestro nos manda orar: «Perdona nuestras deudas como nosotros perdonamos a nuestros deudores», justo después de indicarnos que recemos por el pan de cada día. Practicar el perdón es algo que debemos hacer diariamente de la misma manera

[1] Esto, por supuesto, tendría un aspecto diferente cuando se comete un delito. En casos como el de Heather, las cuestiones de perdón no excluirían la presentación de cargos penales.

[2] C. S. Lewis, *The Weight of Glory* (Nueva York: Macmillan, 1947), 125.

que pedimos la provisión diaria de alimentos. Es parte de la vida cotidiana, no algo reservado para los «grandes» pecados y acontecimientos de la vida. Permíteme ilustrarlo. He tenido la oportunidad de reunirme con cientos de parejas que buscan ayuda en sus matrimonios. Uno de los problemas más comunes es el de dar y recibir perdón. He conocido a parejas que llevan veinte años casadas, pero ninguno de los dos ha admitido nunca realmente el pecado y ha pedido perdón. ¿Cómo es posible? La Biblia es un libro sobre un Dios que perdona; llama a los que han sido perdonados a ser personas que perdonan. Sin embargo, muy poco del perdón recibido se traduce en perdón ofrecido. ¡Necesitamos ayuda! Las personas que aparecen al principio de este capítulo necesitan ayuda, y tú también.

Guía en el camino del perdón

¿Por qué no perdonamos? ¿Por qué no se practica más el perdón en las iglesias cristianas, en las familias y en las relaciones? El perdón no se practica porque no entendemos lo que es, pero las Escrituras no nos dejan en la oscuridad acerca de esta práctica vital. En Mateo 18:21-35, Jesús cuenta una parábola. Como suele ocurrir con las parábolas, es poderosa e imprevisible. No anticipas necesariamente la fuerza que tendrán, ¡y no esperas que la fuerza se dirija a ti! Pero las parábolas de Jesús a menudo se acercan sigilosamente y nos sorprenden señalando nuestros propios fallos y nuestra necesidad de gracia. Esta parábola no es una excepción.

> En ese momento Pedro se armó de valor y preguntó: «Maestro, ¿cuántas veces debo perdonar a un hermano o hermana que me hace daño? ¿Siete?»
>
> Jesús respondió: «¡Siete! Difícilmente. Prueba con setenta veces siete.
>
> El reino de Dios es como un rey que decidió ajustar cuentas con sus siervos. Cuando se puso en marcha, le presentaron a un siervo que había contraído una deuda de cien

mil dólares. No podía pagar, así que el rey ordenó que el hombre, junto con su mujer, sus hijos y sus bienes, fuera subastado en el mercado de esclavos.

El pobre desgraciado se arrojó a los pies del rey y le suplicó: "Dame una oportunidad y te lo devolveré todo". Conmovido por su súplica, el rey le perdonó la deuda.

El criado no había salido aún de la habitación cuando se encontró con uno de sus compañeros sirvientes que le debía diez dólares. Lo agarró por el cuello y le exigió: "¡Paga. Ahora mismo!".

El pobre desgraciado se tiró al suelo y suplicó: "Dame una oportunidad y te lo devolveré todo". Pero no quiso hacerlo. Hizo que lo detuvieran y lo metieran en la cárcel hasta que pagara la deuda. Cuando los demás criados vieron lo que pasaba, se indignaron y llevaron un informe detallado al rey.

El rey llamó al hombre y le dijo: "¡Siervo malvado! Te perdoné toda tu deuda cuando me pediste clemencia. ¿No deberías estar obligado a ser misericordioso con tu consiervo que te pidió misericordia?". El rey se enfureció y lo presionó de tal modo hasta que pagó toda su deuda. Y eso es exactamente lo que mi Padre celestial va a hacer con cada uno de vosotros que no perdone incondicionalmente a quien pida misericordia».[3]

Esta historia revela verdades explosivas sobre la naturaleza del perdón, pero también nos da una idea del motivo que debería impulsar nuestro deseo de perdonar. A medida que profundicemos en esta parábola, empezaremos a ver qué es el perdón y por qué es tan importante.

[3] Eugene Peterson, *The Message* (Colorado Springs, CO: NavPress, 1993), Mateo 18:21-35. (N. de T. Al no existir una versión en español de esta versión de la Biblia, se ha hecho una traducción directa al español del texto).

El perdón implica cancelar una deuda

La metáfora de la cancelación de la deuda define claramente la naturaleza del perdón. El rey misericordioso absorbió una deuda de cien mil dólares que se le debía. Cuando perdonas a alguien, también cancelas una deuda. Pero, más específicamente, haces una elección consciente de absorber tú mismo el coste. Eliges no hacer pagar al ofensor por la ofensa. Al renunciar a tu derecho a cobrar, haces al menos tres promesas.

> **“Haces una elección consciente de absorber tú mismo el coste.”**

Prometes que no sacarás a relucir la deuda para utilizarla como palanca. Cuando perdonas, estás diciendo que no harás pagar al ofensor recordándole lo que ha hecho en un esfuerzo por controlarle. Esto no significa que no puedas discutirlo y tratar de lidiar con la ofensa de una manera redentora. Aquí es donde entra en juego el conflicto piadoso del que hablamos en el capítulo anterior.

Prometes que no mencionarás la ofensa a otros ni calumniarás a la persona que pecó contra ti. Esto no significa que no puedas buscar el consejo y el asesoramiento de otros mientras resuelves el problema, pero sí significa que no calumniarás a la persona bajo el pretexto de obtener asesoramiento externo. No chismorrearás sobre lo que esa persona te ha hecho.

Por último, prometes no insistir en la ofensa. Uno de los mayores retos cuando alguien peca contra ti es no repetir la ofensa una y otra vez en tu mente.

Cuando no perdonas, rompes estas tres promesas. En lugar de cancelar la deuda, mantienes el endeudamiento de la persona ante ella, ante los demás y ante ti mismo. Tu deseo de hacer que la persona pague por lo que ha hecho pesa más que tu deseo de perdonar.

El perdón es costoso; pero no perdonar es más costoso

Por donde se mire, el perdón es costoso. Independientemente de lo grande o pequeña que sea la ofensa, cancelar una deuda y absorber el coste va a doler. Pero la parábola nos muestra que no perdonar también tiene un precio, y es más alto que el precio que exige el perdón. Aquí es donde debemos dejar que la verdad prevalezca sobre nuestros sentimientos, ya que a menudo se siente bien aferrarse a una ofensa. Ese buen sentimiento, contrastado con el dolor de perdonar, nos ciega a la cuenta que estamos acumulando espiritualmente. Jesús dice claramente que no querer perdonar te costará la eternidad. Dios te tratará de la misma manera que tratas a los demás. Un rechazo arraigado a perdonar es una señal de que tú mismo no has conocido el asombroso perdón de Dios. Tu feo comportamiento revela la desagradable condición de tu corazón. Además, aferrarte a una ofensa te convertirá en una persona amargada y sin amor, e inevitablemente dañarás todas tus relaciones. No importa qué camino elijas, pagarás un precio. ¿Qué precio estás dispuesto a pagar?

No perdonar a alguien te cambiará

Fíjate en lo que hace el siervo despiadado después de negarse a cancelar la deuda del otro siervo. Lo «agarró por el cuello» (v. 28) y lo hizo meter en la cárcel (v. 30). Ante el rey, fue víctima de su propia negligencia, pero su amargura e ira injustificadas lo convirtieron en victimario. ¿Ves con qué facilidad sucede esto? Parece tan natural hacer pagar a alguien. El sentido de la justicia se dispara rápidamente y se convierte en venganza. Puede que no asfixies a nadie, pero sí que estés dejando a alguien fuera de tu vida. La amargura se cuela por la puerta y, con el tiempo, si no se aborda la situación y no se concede el perdón, se apodera de tu vida. Por eso es tan importante practicar el perdón a diario cuando se comete una ofensa contra ti. Si no empiezas con las pequeñas escaramuzas, empezarás a perder las batallas, lo que finalmente te costará la guerra.

El perdón es un acontecimiento y un proceso

Cuando Pedro pregunta a Jesús cuántas veces debe perdonar a alguien, piensa que está siendo bastante noble al sugerir siete veces.

Pero Jesús reprende a Pedro y le dice que el perdón no tiene límites. No hay forma de eludir las palabras de Jesús, y es inútil tratar de suavizar sus implicaciones. El principio se aplica a innumerables ofensas e incluso a la misma ofensa, repetida sin cesar. Tenemos la tentación de pensar que una vez que hemos perdonado a alguien, hemos terminado. Pero perdonar a alguien no es solo un hecho pasado. Es algo que debemos seguir practicando, incluso cuando se trata de una ofensa que ya hemos perdonado. Aunque te haya perdonado por algo que hiciste en el pasado, debo tener cuidado de no caer en la amargura en el futuro. Tengo que seguir practicando el perdón cada vez que te vea o piense en ti.

¿Por qué es tan importante el proceso del perdón? Porque aunque hayas perdonado a alguien por una ofensa, tendrás la tentación de pensar en ella la próxima vez que la veas, o la próxima vez que peque contra ti. Sin darte cuenta, amontonarás ese pecado sobre los viejos pecados. Esto hace cada vez más difícil perdonar a alguien.

Perdonar no es olvidar

Con demasiada frecuencia se dice que la prueba de haber perdonado verdaderamente a alguien es olvidar lo que nos han hecho. El pasaje que se cita a menudo es Jeremías 31:34, donde Dios dice: «Yo les perdonaré su iniquidad, y nunca más me acordaré de sus pecados». Este versículo, dicen algunos, es la manera en cómo debemos perdonar.

Hay al menos dos problemas con esta interpretación del perdón. En primer lugar, no es realista. Nuestras mentes no funcionan así, y nuestra capacidad de recordar es poderosa. Tratar de olvidar un pecado que alguien ha cometido contra ti solo te animará a recordarlo. Es como si te dijeran que no pienses en un elefante rosa. ¿Qué hiciste en el momento en que leíste esa frase? Borrar completamente una ofensa de tu memoria no es realista. Segundo, no es bíblico. El pasaje de Jeremías no dice que Dios tiene amnesia cuando te mira. Nuestro Dios omnisciente no olvida nada. La palabra *recordar* no es una palabra de «memoria», sino una palabra de «promesa», una palabra de pacto. Dios está prometiendo que cuando confesemos nuestros pecados, «no te trataré como merecen tus pecados. Al contrario, te perdonaré».

Por eso el perdón es tanto un acontecimiento pasado como un proceso continuo hacia el futuro. Es una promesa pasada que mantenemos en el futuro. Cuando se hace esto, el recuerdo de las pequeñas ofensas suele disiparse. Las ofensas mayores probablemente no. Grace nunca olvidará la aventura de John. Heather nunca olvidará su abuso. Melissa y Andy siempre serán conscientes de que han pecado el uno contra el otro. Michael recordará las veces que su padre estaba pecaminosamente enojado. Pero cada individuo todavía puede practicar el perdón bíblico. Pueden hacer una promesa y permanecer fieles a esa promesa con el tiempo.

“El perdón es tanto un acontecimiento pasado como un proceso continuo hacia el futuro. Es una promesa pasada que mantenemos en el futuro.”

Es muy importante comprender estas dos dimensiones del perdón. Si no lo haces, te desviarás en una de dos direcciones opuestas, pero igualmente equivocadas: (1) Estarás plagado de dudas sobre si has perdonado o no a alguien porque piensas que perdonar equivale a olvidar. O (2) cederás a la amargura sin darte cuenta porque piensas que, como has perdonado a alguien en el pasado, te está permitido aferrarte a los vestigios de dolor en el presente. Grace, por ejemplo, puede estar plagada de dudas si piensa que perdonar a John significa que debe olvidar lo que él hizo. O puede volverse sutilmente amargada, pensando que hizo todo lo que tenía que hacer cuando concedió el perdón en el pasado. Ninguna de las dos cosas refleja la forma en que Dios nos ha perdonado.

El perdón tiene una dimensión vertical y otra horizontal

Además de esta parábola, la Biblia está llena de llamadas al perdón. Hay dos que casi parecen contradictorias: Marcos 11:25 y Lucas

17:3. Marcos 11:25 dice: «Y cuando estén orando, si tienen algo contra alguien, perdónenlo, para que también su Padre que está en el cielo les perdone a ustedes sus pecados». Lucas 17:3 dice: «Si tu hermano peca, repréndelo; *y, si se arrepiente,* perdónalo» (énfasis de los autores). Marcos 11:25 parece decir que debemos perdonar a alguien pase lo que pase, mientras que Lucas 17:3 parece decir que solo se perdona a alguien si se arrepiente. ¿Cuál de estos versículos tiene razón? ¡Ambos la tienen!

Los versículos hablan de dos aspectos diferentes del perdón. Marcos 11:25 habla del perdón como una actitud del corazón ante Dios. El contexto es la adoración. Cuando considero el pecado de alguien ante el Señor, estoy llamado a tener una actitud de perdón hacia la persona que pecó contra mí. Esto no es negociable. No tengo derecho a retener el perdón y albergar amargura en mi corazón. Lucas 17:3, por otro lado, habla del perdón como una transacción horizontal entre el ofensor y yo. A esto se le suele llamar reconciliación. Lo que Lucas 17:3 quiere decir es que, aunque debo tener una actitud de perdón ante el Señor, solo puedo conceder el perdón a la otra persona si se arrepiente y admite que ha pecado contra mí. Aunque nunca lo haga, estoy llamado a mantener una actitud de perdón hacia el ofensor. El aspecto vertical del perdón es incondicional, pero el horizontal depende de que el ofensor admita su culpa y pida perdón.

Esto significa que Grace puede decirle a John: «Ante el Señor, te he perdonado y no te haré pagar por lo que has hecho». Pero ella solo puede conceder el perdón a John y buscar la reconciliación si él admite que ha pecado y le pide perdón. Aquí es donde la Biblia es tan realista y llena de matices. Estas dos dimensiones aportan claridad a lo que significa perdonar. Grace puede anhelar la reconciliación entre ella y John. Puede allanar el camino para la reconciliación si practica una actitud de perdón. Pero, en última instancia, no puede hacer que se produzca la reconciliación. Para Grace, el aspecto vertical del perdón nunca es opcional, pero ella sola no puede lograr la reconciliación.

El perdón no significa paz a toda costa

¿Parece como si perdonar significara que debes dejar que la gente peque contra ti? Una vez más, la sabiduría de las Escrituras aborda esta preocupación. Esta parábola forma parte de un debate más amplio sobre la vida en el reino de Dios. El capítulo entero de Mateo 18 nos instruye sobre cómo tratar los pecados de los demás. Mateo 18:1-5 enseña que la vida en el reino requiere humildad para confrontar a alguien gentilmente acerca de su pecado. Mateo 18:6-9 enseña que la vida en el reino requiere tomar en serio el pecado. No podemos esconderlo debajo de la alfombra ni en nuestras vidas ni en las vidas de los demás. Mateo 18:10-14 enseña que la vida en el reino implica ir tras las personas perdidas y descarriadas. El verdadero amor exige persecución. La parábola que estudiamos enseña que la vida en el reino implica el perdón radical. Y justo en medio del capítulo (vv. 15-17) encontramos instrucciones específicas sobre cómo acercarnos a alguien que ha pecado en contra nuestra.

> «Si un creyente te hace daño, ve y díselo: arréglenlo entre los dos. Si te escucha, habrás hecho un amigo. Si no te escucha, lleva a uno o dos más contigo para que la presencia de testigos mantenga la situación en honestidad, e inténtalo de nuevo. Si sigue sin escucharte, díselo a la iglesia. Si no quiere escuchar a la iglesia, tendrás que empezar de cero, confrontarle con la necesidad de arrepentimiento y ofrecerle de nuevo el amor perdonador de Dios».[4]

La Biblia nunca dice: «Facilita que otros pequen contra ti». En cambio, proporciona una manera de tratar el pecado de forma redentora. Romanos 12:18 dice: «Si es posible, y en cuanto dependa de ustedes, vivan en paz con todos». Pablo nos llama a luchar por la paz, pero sabe que hay límites cuando perseguimos a alguien con amor. Cuando hemos alcanzado esos límites, hay

[4] *Ibid.*, Mateo 18:15-17.

otras opciones redentoras a nuestra disposición. Nuestro intento de amar a una persona que abusa habitualmente y no se arrepiente a veces implica confrontación y posiblemente separación. A veces es necesario que intervengan los líderes de la iglesia. A veces el Estado interviene en nombre de la parte ofendida.

Pedir y conceder perdón

Es vital saber pedir y conceder perdón. Andy y Melissa han caído en un mal patrón cuando se trata de la reconciliación. Cuando cualquiera de ellos peca contra el otro, esto es lo que típicamente suena como: «Melissa, siento que te enfadaras tanto cuando te grité. Odio cuando pasa eso». Melissa responde: «No pasa nada, Andy. Supongo que estaba cansada después de un largo día de trabajo».

Si no fuera tan real, esta escena sería cómica. ¿Qué acaba de hacer Andy? ¡En realidad culpó de la pelea a Melissa! Dio a entender que el problema no era que él le gritó, sino que ella era demasiado sensible al respecto. Melissa responde aceptando la culpa por el pecado de Andy y luego excusando su propia respuesta. Al principio de una relación, estas cosas pueden no parecer tan importantes. Pero con el tiempo, esta versión falsa de buscar y conceder el perdón es mortal. Nadie admite ningún pecado y nadie ofrece ni pide perdón.

¿Qué deberían hacer Andy y Melissa? Si realmente se cometió un pecado, tiene que ser específicamente reconocido por la persona que pecó. Esa persona entonces necesita pedir perdón por el pecado específico. La persona ofendida debe entonces elegir perdonar o no. Si esto no sucede, en algún momento Melissa se enojará con Andy y dirá que él nunca admite que se equivoca. Es probable que Andy haga lo mismo con Melissa. ¡Y tendrán razón!

Así es como debería ser: «Melissa, siento haberte gritado. Lo que hice estuvo mal. ¿Me perdonas?» Esta vez, Andy ha sido específico y ha nombrado su pecado. Melissa no debe responder: «Está bien». ¿Por qué? Porque no está bien que alguien peque contra otra persona. En cambio, ella tiene que tomar una decisión: perdonar o no perdonar. Si ella entiende su propio perdón, dirá: «Gracias por decir eso. Sí, te perdono». Si ella ha pecado contra Andy, puede incluso añadir: «¿Me perdonas por ser sarcástica contigo?». Mi esposa y yo hemos avanzado hacia la madurez espiritual a medida que hemos practicado el perdón y nos hemos comunicado claramente con palabras que exhiben humildad, honestidad y gracia.

Por supuesto, es posible utilizar todas las palabras correctas y no querer decir lo que se dice. Eso es hipocresía y no tiene nada que ver con perdonar. Cuando practicamos el perdón, nuestras palabras fluyen de un corazón humilde que quiere decir sinceramente lo que dice.

Disculpas y perdón

Hay una diferencia entre disculparse y pedir perdón. Una disculpa es apropiada cuando has hecho algo por accidente. Por ejemplo, si accidentalmente derramo una taza de café caliente sobre ti, debo decir: «Siento mucho haberlo hecho». También debería hacer lo posible por ayudarte a limpiarte. Pero supongamos que te tiro el café a propósito porque estoy irritado. Eso no es un accidente. Es un pecado. Puedo disculparme y decir que lo siento, pero también tengo que nombrar el pecado, confesar que estuvo mal y pedir perdón.

Perdonar por la gracia

¿Cómo perdonará Grace a John? ¿Cómo encontrará Heather la fuerza para perdonar a su agresor si este se arrepiente? ¿Cómo practicarán Andy y Melissa el perdón en su matrimonio día tras día? ¿De dónde sacará Michael la fuerza para perdonar a su padre por su arrebato de ira? ¿Cómo llegará John al punto en que pueda confesar su pecado y pedirle a Grace que lo perdone? Si ocurre, ¿dónde encontrará el maltratador de Heather la fuerza para admitir el mal que ha hecho? ¿De dónde sacarán Melissa, Andy y Bill la capacidad espiritual para reconocer su propio pecado y pedir perdón? ¿Y tú?

Una cosa es tener claro lo que es y lo que no es el perdón, y otra muy distinta es practicarlo realmente. Al leer este capítulo, es probable que hayas pensado en personas que han pecado contra ti. Puede que te inquiete la llamada a perdonarles. También es posible que hayas pensado en alguien contra quien tú has pecado. Sabes que necesitas pedirle perdón a esa persona. ¿Te da miedo? ¡Anímate! Este pasaje no solo está lleno de instrucciones, sino también de esperanza y promesas.

El rey de la parábola de Jesús absorbe la pérdida de miles de dólares. ¡Qué rey tan generoso! Imagina que debieras cien mil dólares o incluso varios millones de dólares en impuestos atrasados al gobierno. Lo más probable es que te enfrentarás a una grave pena de prisión. Ahora, supongamos que una persona rica se ofreciera a pagar tus deudas y te dejara dinero suficiente para vivir como un multimillonario. Te invadiría la gratitud hacia esa persona. Él estaría constantemente en tu mente y probablemente compartirías esta historia con todo el mundo. Con tu nueva riqueza, probablemente serías una persona muy generosa y ayudarías a los que tuvieran problemas, incluso a los que se hubieran aprovechado de ti. ¡No responder así plantearía serias dudas sobre el estado de tu alma!

¿Entiendes el punto? El rey de la parábola no es otro que el Rey Jesús. Él vino a absorber el costo de tu pecado, una deuda de pecado que hace que millones de dólares parezcan moneditas de cambio. Jesús vino y derramó su sangre por nosotros. El Padre vació el cielo de su mayor tesoro para que pudiéramos ser perdonados. Lee 1 Pedro 1:1-9:

> Yo, Pedro, soy un apóstol asignado por Jesús, el Mesías, que escribe a los exiliados dispersos a los cuatro vientos. No falta ni uno, ni uno olvidado. Dios Padre tiene sus ojos puestos en cada uno de ustedes, y ha determinado por obra del Espíritu mantenerlos obedientes mediante el sacrificio de Jesús. ¡Que todo lo bueno de Dios sea de ustedes!

> ¡Qué Dios tenemos! ¡Y qué afortunados somos de tenerlo, a este Padre de nuestro Maestro Jesús! Porque Jesús resucitó de entre los muertos, se nos ha dado una nueva vida y tenemos todo por lo que vivir, incluido un futuro en el cielo, ¡y el futuro empieza ahora! Dios nos vigila cuidadosamente a nosotros y al futuro. Se acerca el Día en que lo tendrán todo: la vida sana y completa.
>
> Sé lo bien que los hace sentir esto, aunque mientras tanto tengan que soportar todo tipo de agravios. El oro puro puesto en el fuego sale *probadamente* puro; la fe genuina puesta a través de este sufrimiento sale *probadamente* genuina. Cuando Jesús termine todo esto, será su fe, no su oro, lo que Dios exhibirá como prueba de su victoria.
>
> Nunca lo han visto, sin embargo, lo aman. Aún no lo ven, pero confían en él, con risas y cantos. Porque se mantienen creyendo, obtendrán lo que esperan: la salvación total.[5]

Vuelve a leer este pasaje. Ahora léelo cinco veces más. Léelo cada mañana al levantarte esta semana. Léelo cada noche antes de acostarte. Léelo y piensa en ti mismo y en las personas concretas a las que tienes que perdonar o pedir perdón. Esto es exactamente lo que Jesús quiere que hagas cuando te cuenta la parábola de Mateo 18. Quiere que te pongas en el lugar de la gente. Quiere que te pongas en el lugar del siervo despiadado para que evites el terrible error que él comete. Esta parábola es una advertencia amorosa.

Al reflexionar sobre tu verdadera identidad en Cristo, ¿te das cuenta de lo rico que eres? Este es el único fundamento para el tipo de perdón radical que Jesús te llama a practicar. Solo por gracia puedes hacerlo. No puedes leer y releer 1 Pedro 1 y Mateo 18 y seguir queriendo destrozar a alguien. Si eres un beneficiario de la gracia costosa de Dios, practicarás la gracia costosa con los demás.

Permíteme terminar con este ejemplo de la vida real. Un oficial turco asaltó y saqueó un hogar armenio. Mató a los padres

[5] *Ibid.*, 1 Pedro 1:1-9.

ancianos y entregó a las hijas a los soldados, quedándose con la mayor. Tiempo después, ella escapó y se formó como enfermera. Con el tiempo, se encontró cuidando a oficiales turcos. Una noche, a la luz de una linterna, vio la cara de ese oficial. Estaba tan gravemente enfermo que, sin una asistencia excepcional, moriría. Pasaron los días y se recuperó. Un día, el médico se paró junto a la cama con ella y le dijo: «Si no fuera por su devoción por ti, estarías muerto». Él la miró a ella y le dijo: «Nos hemos visto antes, ¿verdad?». «Sí», dijo ella, «nos hemos visto antes». «¿Por qué no me mataste?», preguntó él. Ella respondió: «Soy seguidora de aquel que dijo: "Amad a vuestros enemigos"».[6]

Por la asombrosa gracia de Dios, que podamos imitar a esta hermana en Cristo en nuestras vidas y relaciones.

[6] L. Gregory Jones, *Embodying Forgiveness: A Theological Analysis* (Grand Rapids: Eerdmans, 1995), 265-266.

CAPÍTULO 10

ESPERANZA

Por eso el derecho está lejos de nosotros,
 y la justicia queda fuera de nuestro alcance.
Esperábamos luz, pero todo es tinieblas;
 claridad, pero andamos en densa oscuridad.
Vamos palpando la pared como los ciegos,
 andamos a tientas como los que no tienen ojos.
En pleno mediodía tropezamos como si fuera de noche;
 teniendo fuerzas, estamos como muertos.
Todos nosotros gruñimos como osos,
 gemimos como palomas.
Esperábamos la justicia, y no llegó;
 ¡la liberación sigue lejos de nosotros!

ISAÍAS 59:9-11

Siempre es más difícil vivir en medio de algo que al principio o al final. Cuando estamos al principio de algo, nos invade un sentimiento de esperanza y potencial. Nos atrae la visión de todo lo que puede llegar a ser. Las personas que empiezan algo tienden a ser soñadoras; quieren empezar a cumplir el sueño. Al final, la gente suele sentirse aliviada, agradecida y satisfecha. Las dificultades del camino ya no parecen tan duras. Los sacrificios parecen haber merecido la pena y se alegran de que el trabajo haya terminado.

Las personas que se encuentran en el punto medio suelen descubrir que hay que trabajar más de lo que esperaban. Es difícil aferrarse al sueño, y muy a menudo la expectativa se convierte en el deseo de simplemente sobrevivir. En medio del duro trabajo, es difícil mantener el listón alto y la esperanza viva. Sentimos la tentación de conformarnos y transigir. En el medio, el agradecimiento a menudo se degrada en queja, y la esperanza decae en resignación. Es difícil vivir en medio de algo, pero ahí es exactamente donde tienen lugar todas nuestras relaciones. Veamos un par de ejemplos.

“En el medio, el agradecimiento a menudo se degrada en queja, y la esperanza decae en resignación.”

•

Mientras caminaba detrás de él por el pasillo hacia mi despacho, se veía cansado. No le quedaba elasticidad en el paso. Sus hombros caídos eran el testimonio de un hombre derrotado. No tenía que decirme que estaba desanimado; se reflejaba en cada fibra de su ser. Todo le había vuelto a estallar en la cara. Se había permitido tener un poco de esperanza, pero el jueves por la noche su mujer volvió a proferir todas sus furiosas amenazas. Habían pasado dos semanas sin ninguna tragedia. Se había permitido pensar que quizás esta vez habían doblado la esquina. Hablaba solo conmigo porque ella se había negado a acompañarlo. Pero en realidad no quería hablar. Lo único que quería era apagar su dolor.

Esto empezó cuando los niños se fueron de casa. Hasta entonces parecía que estaban bien. Claro que tenían problemas para comunicarse, pero siempre parecían superarlos. Probablemente había demasiados conflictos entre ellos, pero siempre parecían terminar en perdón. Había cosas de él que la irritaban, pero él había intentado hacerlo mejor. Había estado anticipando la vida más sencilla que podrían disfrutar ahora que sus días de padres de niños habían quedado atrás. Pero todo se torció rápidamente.

Peleaban constantemente. Ella disfrutaba cada vez menos de su compañía y amenazaba con dejarlo cada vez que se enfadaba.

El jueves por la noche le dijo que estaba planeando seriamente su salida. Él no se lo podía creer. Había intentado responder a todas sus quejas. Incluso se habían ido de viaje juntos y lo habían pasado muy bien. Después del viaje las cosas parecían ir mejor. Pero todo se había desmoronado y él estaba agotado.

•

Amy tenía veintinueve años y tenía ganas de renunciar. Venía de un hogar difícil y siempre le había costado abrirse a la gente. Aprendió pronto a mantener sus cartas en secreto y a dar información personal con mucho cuidado. Se había mudado a la gran ciudad por una gran oportunidad de trabajo. Antes de aceptar el trabajo, buscó una buena iglesia en la que participar. Grace Church parecía el lugar perfecto. Tenía una predicación bíblica vibrante, muchas oportunidades para el compañerismo y el ministerio, pero sobre todo estaba llena de jóvenes profesionales de la edad de Amy. Al mirar a su alrededor ese primer domingo, Amy sintió que se veía a sí misma en todas partes.

Justo después de mudarse, Amy descubrió un estudio bíblico cerca de su empresa que se reunía todos los viernes a la hora de comer. Este estudio de los viernes proporcionó inmediatamente a Amy un lugar para conocer a gente de su edad de la iglesia. Como siempre, fue cautelosa para no abrirse demasiado pronto. Pero la tercera vez que fue, se sentó junto a Marisa y entablaron una conversación. En poco tiempo se hicieron amigas.

Mientras tanto, las cosas en el trabajo no iban muy bien. A Amy le encantaba su trabajo y recibía muchos elogios por su rendimiento, pero tenía un gran problema, se sentía atraída por su jefe. Era guapo, educado, atento y divertido. Nunca había conocido a un hombre como él y, aunque intentaba contener sus sentimientos, estos persistían. Todo ello acabó desembocando en un momento de indiscreción con su jefe que dejó a Amy destrozada. Estaba convencida de que lo que había hecho estaba mal, que le había robado por completo el respeto de su jefe y posiblemente había comprometido su carrera. La cabeza de Amy daba vueltas y cada vez le costaba más ir a trabajar. Sabía que necesitaba hablar con alguien, así que, en el banco de una plaza del centro de la ciudad, Amy se lo contó todo a Marisa. La respuesta de Marisa fue de gran ayuda, y se sintió bien al no llevar sola su carga.

Pero los buenos sentimientos no duraron. En una breve llamada telefónica con otra amiga, Amy se sorprendió al enterarse de que Marisa había compartido su dilema con otra persona. Cuando colgó el teléfono, sintió que no podía respirar. No podía creer que Marisa fuera tan indiferente y desleal. Sabía que tenía que enfrentarse a Marisa con cariño, pero con claridad; no tenía ni ganas ni energía para hacerlo.

La dificultad del amor

El problema con las relaciones es que todas tienen lugar justo en medio de algo, y ese algo es la historia de la redención, el plan de Dios para convertir todo en nuestras vidas en instrumentos de cambio y crecimiento como los de Cristo. Tú y yo nunca llegaremos a estar casados con un cónyuge totalmente santificado. Nunca tendremos una relación con un amigo completamente maduro. Nunca viviremos al lado de un vecino completamente libre de la necesidad de crecer y cambiar. Nunca tendremos hijos que se eduquen a sí mismos. Nunca estaremos cerca de personas que siempre piensan, desean, dicen o hacen lo correcto. Y la razón de todo esto es que nuestras relaciones se viven entre *el ya* y *el todavía no*.

“El problema con las relaciones es que todas tienen lugar justo en medio de algo, y ese algo es la historia de la redención.”

Jesús *ya ha* venido a proporcionarnos la salvación, pero su obra salvadora *aún no* se ha completado. El poder del pecado ya ha sido quebrantado, pero la presencia del pecado aún no ha sido erradicada. Ya hemos crecido y cambiado en muchos aspectos, pero aún no somos todo lo que seremos en Cristo. Ya hemos pasado por muchas dificultades, pero todavía no hemos subido nuestra última colina. Ya hemos aprendido muchas lecciones de fe, pero aún no hemos aprendido a confiar plenamente en Dios. Él ya ha establecido su reino en nuestros corazones, pero ese reino aún no ha llegado por completo. Ya hemos visto la derrota del pecado de muchas maneras, pero su derrota final aún no ha tenido lugar.

Nuestra vida con los demás es siempre una vida en el punto medio. Siempre estamos construyendo comunidad en la tensión entre el «ya» y el «todavía no» de la gracia de Dios. Y no tenemos más control sobre el todavía no que el que hemos tenido sobre el ya. El calendario está en manos del Señor soberano de gracia. Su tiempo siempre es el adecuado y nunca se equivoca de dirección. Nuestro trabajo consiste en aprender a vivir mejor en el medio. Así que vivimos como personas rotas que están siendo reparadas, entre vecinos en la misma condición, siempre agradecidos por lo que ya se ha hecho, pero siempre conscientes de nuestra necesidad de lo que aún no se nos ha dado.

Relaciones en el punto medio

Todo el que viva entre el *ya* y el *todavía no* experimentará cuatro cosas.

Nuestras relaciones nunca funcionarán según nuestro plan

Ya hemos reconocido antes que ninguno de nosotros podría escribir la historia de nuestras relaciones, porque forman parte de la historia más amplia de la redención. Nuestras relaciones no funcionan según nuestro plan porque forman parte de su plan. Esto significa que Dios nos llevará a donde no hemos planeado ir para producir en nosotros lo que no podríamos lograr por nosotros mismos. Nos guiará a través de las dificultades para que nos parezcamos cada vez más a Él. Muchas de estas dificultades serán en las relaciones, donde Dios revela nuestros corazones y construye nuestro carácter. En consecuencia, nuestras relaciones nunca son lo que concebimos y nunca siguen el curso que planeamos.

Nuestras relaciones nunca estarán a la altura de nuestras expectativas

Cuando nos ilusionamos con nuestras relaciones, tendemos a soñar con una unidad indiscutible, un romance sin trabas, una comunicación sin obstáculos, una cooperación mutua, una aceptación y un respeto generalizado, unas decisiones compartidas, una amistad íntima o una ausencia de conflictos. Nuestros sueños tienden a olvidar que nuestras relaciones se viven en medio del ya y del todavía no. A este lado de la eternidad, ninguno de nosotros llega a estar con la persona de sus sueños y ninguno de nosotros está preparado para ser la persona de los sueños de alguien más. Todos somos personas imperfectas que vivimos en un mundo caído, pero con un Dios fiel. Y en algún momento de cada relación, tenemos que aceptar con gracia quién es la otra persona, incluso cuando admitimos humildemente quiénes somos nosotros.

Nuestras relaciones siempre lidiarán con algún tipo de dificultad

Construir relaciones es a menudo como enhebrar una aguja mientras se conduce por una carretera llena de baches. Ninguna relación logrará evitar por completo las dificultades que forman parte normal de la vida. A veces, la dificultad será la otra persona. El orgullo, el egoísmo, la codicia, la ira, la amargura y la impaciencia siempre dificultan una relación. A veces la dificultad reflejará la realidad de un mundo caído. Incluso como creyentes, no escaparemos al racismo, la persecución, las lesiones, las enfermedades, la guerra, los fallos mecánicos y los problemas de la cultura, el gobierno y la economía. Por último, la Biblia dice que toda dificultad es enviada por Dios, en el sentido de que todo está bajo su sabio control. Junto con eso, la Biblia nos recuerda continuamente que Dios envía la incómoda gracia de la prueba no para aplastarnos o desanimarnos, sino para madurarnos y refinarnos. Si somos realistas ante las dificultades, esa debe ser nuestra esperanza.

Nuestras relaciones siempre tendrán que mejorar

Mi mujer y yo llevamos muchos años casados y realmente tenemos una relación muy buena. Nos respetamos y disfrutamos mutuamente, estamos comprometidos el uno con el otro y con el Señor, y ambos somos muy agradecidos el uno por el otro. Pero después de todos estos años y de todo el crecimiento que hemos experimentado, nuestra relación aún no es todo lo que podría ser. Todavía hay trabajo y cambios que hacer. A pesar de todo nuestro amor y compromiso, aún no hemos escapado de nuestro pecado, por lo que nuestra relación aún requiere trabajo duro y los recursos de la gracia de Dios. Estas necesidades permanecerán hasta que Cristo vuelva o nos lleve a casa para estar con él.

Carácter para el medio

Dado que nuestras relaciones siempre se viven en medio de algún tipo de dificultad, las buenas relaciones exigen carácter. Recuerda que tus relaciones no han sido diseñadas por Dios como vehículos para la felicidad humana, sino como instrumentos de redención. No basta con pedir el carácter necesario para sobrevivir a las dificultades de la vida y a las debilidades de la otra persona. Hemos sido llamados a ministrar a las personas que Dios, en su sabiduría, ha puesto en nuestras vidas. Quiere usarnos como instrumentos de gracia en sus vidas. Vivir así requiere carácter.

> **“No basta con pedir el carácter necesario para sobrevivir a las dificultades de la vida y a las debilidades de la otra persona. Hemos sido llamados a ministrar.”**

Se necesita humildad para vivir con un pecador en un mundo de dificultades. Se necesita gentileza para ser parte de lo que Dios está haciendo en la vida de alguien y no estorbar. Se necesita paciencia para lidiar con el pecado y la debilidad de los que están alrededor nuestro. Se necesita perseverancia para participar en el cambio de una relación, porque ese cambio suele ser un proceso y rara vez un acontecimiento. Se necesita perdón para superar las veces en que has sido maltratado por otra persona. Se necesita paciencia para seguir amando a una persona, incluso cuando te está provocando. Es difícil responder con amabilidad cuando te tratan mal. Se necesita un amor extraordinario para servir al bien de la otra persona y no distraerse con las necesidades diarias. (Observa que estas cualidades de carácter se mencionan en todo el Nuevo Testamento: Gálatas 5:22-26; Efesios 4:1-3; Filipenses 2:1-11; Colosenses 3:12-14).

Estas son las cualidades que caracterizan una relación sana; pero todos debemos admitir que a menudo no son las cosas que gobiernan nuestros corazones. Nuestros corazones están gobernados más a menudo por la ira, el miedo, el dolor, la justicia propia, la amargura y el deseo de algún tipo de venganza.

La dificultad de las relaciones en el punto medio

Esta es la cuestión. La dificultad de las relaciones no es solo que puedan ser difíciles. La dificultad incluye lo que Dios nos llama a ser y hacer en medio de la dificultad. Dios nos llama a ser humildes, pacientes, amables, perseverantes y a perdonar. Dios nos llama a hablar con gracia y a actuar con amor, incluso cuando la relación carece de gracia y no hemos sido tratados con amor.

> **“Tus relaciones te llevarán más allá de los límites de tu fuerza normal.”**

Por eso, tus relaciones te llevarán más allá de los límites de tu fuerza normal. Te llevarán más allá del alcance de tus capacidades naturales y más allá de las fronteras de tu sabiduría natural y adquirida. Las relaciones te llevarán más allá de los límites de tu capacidad de amar, servir y perdonar. Te llevarán más allá de *ti mismo*. A veces golpearán los límites de tu fe. A veces te agotarán. En determinadas situaciones, tus relaciones te dejarán decepcionado y desanimado. Te exigirán lo que tú no pareces tener, pero eso es exactamente como Dios lo quiso. Precisamente por eso colocó estas relaciones exigentes en medio del proceso de santificación, en el que Dios nos moldea progresivamente a semejanza de Jesús. Cuando renuncias a ti mismo, empiezas a confiar en Él. Cuando estás dispuesto a abandonar tus propios y pequeños sueños, comienzas a entusiasmarte respecto de su plan. Cuando tu camino te ha vuelto a estallar en la cara, estás listo para ver la sabiduría del camino de Dios.

Nuestras relaciones no están diseñadas simplemente para hacernos interdependientes unos de otros. Están pensadas para llevarnos hacia Él en humilde dependencia personal. En algún momento, toda relación te lleva al final de ti mismo, y con Dios no hay lugar más sano en el que estar. Cuando estoy dispuesto a confesar lo débil que soy, estoy más preparado para alcanzar la gracia que solo puede encontrarse en Cristo. Él estuvo dispuesto a seguir el plan de su Padre y hacerse débil para que, en nuestros momentos de debilidad, pudiéramos recibir su fuerza. Esta dinámica de dificultad-debilidad-fortaleza es la razón por la que necesitamos tanto aliento en nuestras relaciones. La dificultad nos ciega, nuestra debilidad nos desanima y acabamos perdiendo de vista lo que se nos ha dado en Cristo.

Ánimo en el punto medio

El ánimo es una habilidad esencial de una comunidad bíblicamente sana. Es raro cuando el ánimo no es oportuno. Pero aun cuando queremos animar a otra persona, nuestro ánimo puede quedarse corto. Tendemos a cometer dos errores. Primero, pensamos que animar es principalmente tratar de hacer que la persona se sienta mejor, así que decimos cosas como:

‹Aguanta, puedes hacerlo›.
‹En realidad no es tan malo como piensas›.
‹No eres el único que se ha enfrentado a esto›.
‹Todo va a salir bien›.
‹Esto también pasará›.

Estas afirmaciones pueden ofrecer un consuelo temporal, pero nunca conducen a un cambio duradero. En el mejor de los casos, producen cambios temporales de humor que suelen desaparecer cuando la persona se enfrenta de nuevo a la dificultad.

Lo segundo que hacemos es intentar animar a la persona *explicándole* cuál es el problema y por qué está ocurriendo. Pensamos que, si la persona entiende lo que pasa, estará menos ansiosa y será más capaz de hacer cosas útiles y constructivas. Hay ocasiones en que esto es cierto, pero la explicación no siempre reconforta. A veces, cuanto más precisa es mi comprensión de una situación, más me desanimo. Antes tenía un conocimiento superficial, pero ahora sé lo profundo que es realmente el problema y estoy más abrumado que nunca. Es importante comprender y entender, pero el estímulo debe ir más allá.

El verdadero ánimo tiene más que ver con *lo que no se ve* que con la *explicación*. Cuando hablo de lo que no se ve, no me refiero a los ojos físicos, sino a los ojos del corazón. Dios nos ha dado la capacidad de «ver» realidades espirituales invisibles que son tan reales y vitales como cualquier cosa física que podamos ver o tocar. Aquella visión espiritual de lo que no se ve es un don precioso y una habilidad esencial para la vida. La razón por la que nos sentimos abrumados y desanimados en las relaciones no es porque no entendamos lo que está pasando. Nos desanimamos porque no vemos a Cristo.[1]

En nuestras propias fuerzas, vemos al marido que apenas se comunica. Vemos al amigo que ha sido sistemáticamente desleal. Vemos al hijo que se rebela contra cualquier orden. Vemos al jefe que es implacablemente crítico. Vemos a la parienta que incumple cada promesa que hace. Vemos a la esposa amargada y enfadada. Vemos al grupo pequeño congelado en relaciones casuales. Vemos vecinos más preocupados por los límites que por la comunidad. Nuestros problemas de relación pueden ser tan grandes que obstruyen nuestra visión de la única cosa que puede darnos la esperanza y el coraje para seguir adelante. *Esa única cosa es Cristo.* Animar no es solo hacer que la gente se sienta y piense mejor; es

[1] Se hablará más de ello en el capítulo 13.

estimular la imaginación espiritual. El ánimo da, a las personas que luchan, los ojos para ver a un Cristo invisible. Él es la única esperanza confiable cuando el llamado de la relación me ha llevado más allá de mi propia sabiduría, fuerza y carácter.

Mientras vivimos unos con otros en medio del ya y del todavía no, necesitamos algo más que una emoción elevada y una comprensión precisa. Necesitamos ojos para ver esta asombrosa realidad: somos de Cristo y él es nuestro. Necesitamos ver que es espiritualmente imposible que estemos solos. Sus increíbles recursos de gracia están constantemente a nuestra disposición. En Él encontramos la sabiduría, la fuerza y el motivo de esperanza que nos faltaban. Mucho más que sentimientos felices y comprensión exacta, Cristo me da razones para continuar en algo que hace tiempo me habría derrotado.

> **El ánimo da, a las personas que luchan, los ojos para ver a un Cristo invisible.**

¿Cómo nos animamos los unos a los otros en medio de las dificultades relacionales? Dándonos ojos para ver tres cosas.

La presencia de Cristo

Tu objetivo aquí es ayudar a las personas a desarrollar una mentalidad de «Cristo está conmigo». Esta perspectiva de la vida se recoge en el Salmo 46:1-2: «Dios es nuestro refugio y nuestra fuerza; *siempre está dispuesto a ayudar* en tiempos de dificultad. Por lo tanto, no temeremos cuando vengan terremotos y las montañas se derrumben en el mar» (NTV, énfasis de los autores). Me encanta esta imagen. Imagínate ver cómo las montañas que te rodean se desmoronan y se estrellan contra el océano sin tener miedo. Es una imagen de paz personal, estabilidad y seguridad, incluso cuando suceden cosas cataclísmicas, porque sé que nuestro poderoso y glorioso Dios está conmigo. Mi esperanza ya no descansa sobre los hombros de mi propia sabiduría, fuerza y carácter. Cuando puedo ver a Cristo, me doy cuenta de que tengo más que yo mismo en quien confiar. Él está aquí y es capaz de hacer lo que yo nunca podría hacer.

Las promesas de Cristo

Cristo ha hecho promesas que pueden alterar radicalmente la forma en que percibimos y respondemos a las dificultades relacionales. Puedo animarte ayudándote a recordar lo que te ha prometido. Estas promesas no deben verse como algo místico e irreal, sino como una evaluación precisa de mis verdaderos recursos como hijo de Dios. Cuando intento ayudar a la gente a ver cómo las promesas de Cristo se aplican a su situación, a menudo reaccionan negativamente. Ven las promesas de Dios como un engaño espiritual para sentirse bien con algo que les preocupa. Pero las promesas de Cristo no son sueños vaporosos de sentimentalismo espiritual. Son la verdadera identidad del creyente. Las promesas del evangelio proporcionan la única perspectiva precisa de lo que realmente necesito y la única imagen fiable de mi verdadero potencial de cambio. El ánimo ayuda a las personas a medir con precisión su potencial.

Nuestro potencial en Cristo

Cuando tenemos dificultades, medimos nuestro potencial. Nos evaluamos a nosotros mismos para ver si tenemos lo que hace falta para superar la dificultad. El problema es que la mayoría de nosotros somos malos en nuestras evaluaciones personales. Cuando sumamos las cosas que definen nuestro potencial, dejamos fuera el activo más importante: Cristo. La verdad radical sobre nuestro potencial es que, como hijos de Dios, ¡nuestro potencial *es* Cristo! Considerarnos de otra manera es antibíblico e inexacto. En Gálatas 2:20 Pablo dice: «He sido crucificado con Cristo, y ya no vivo yo, sino que Cristo vive en mí. Lo que ahora vivo en el cuerpo, la vivo por la fe en el Hijo de Dios, quien me amó y dio su vida por mí». ¡Esa es una evaluación precisa del potencial personal!

Puesto que todas nuestras relaciones existen en medio del *ya* y del *todavía no*, animar es una habilidad esencial. ¿Hasta qué punto estás comprometido a ayudar a las personas que están cerca de ti a ver a Cristo? ¿Estás dispuesto y preparado para animar?

¿Cómo sería para ti hacer esto? Recuerda que tienes que verlo tú mismo para mostrárselo a los demás. Recuerdo una época difícil para mi esposa y para mí. Las responsabilidades del matrimonio, la paternidad y el ministerio parecían más de lo que podíamos soportar. Las finanzas eran escasas y nuestro coche acababa de averiarse. En nuestro desánimo, estábamos irritables el uno con el otro. Las cosas cambiaron cuando nos dimos cuenta de que las cargas a las que nos enfrentábamos nos estaban cegando ante las verdades salvajemente alentadoras de Dios. Cuando empezamos a recordarnos mutuamente que no estábamos solos y a reflexionar juntos sobre las promesas que nos había hecho, algo sucedió. Cristo nos unió. Mirar nuestra situación a través de la lente de su presencia y provisión cambió nuestra visión de las cosas y nos ayudó a animarnos mutuamente. Lo que Él podía hacer en nosotros y por nosotros pasó a ser más importante que lo que quisiéramos en ese momento.

Nuestra relación no se volvió perfecta de repente. Fue una época dura y volvimos a caer en la ceguera más de una vez, pero habíamos aprendido algo. Aprendimos a medir nuestro potencial como pareja de una forma totalmente nueva. Eso nos dio un nuevo valor y una nueva esperanza, y eso a su vez empezó a cambiar nuestra relación.

CAPÍTULO 11

CARGAS

No acabará de romper la caña quebrada,
ni apagará la mecha que apenas arde.
Con fidelidad hará justicia.

ISAÍAS 42:3

Andrew es quien me enseñó que lo que creo no es lo que digo que creo; lo que creo es lo que hago... Estoy aprendiendo a creer cosas mejores. Estoy aprendiendo a creer que existen otras personas, que la moda no es la verdad, sino que Jesús es la figura más importante de la historia y el Evangelio es la fuerza más poderosa del universo. Estoy aprendiendo a no apasionarme por cosas vacías, sino a cultivar la pasión por la justicia, la gracia, la verdad, y a comunicar la idea de que a Jesús le gusta la gente e incluso la ama.[1]

Las palabras pueden ser poderosas o baratas. Lo que hace poderosas a las palabras es la acción que fluye de ellas. La teología también puede ser poderosa o barata. Lo que hace poderoso el pensamiento correcto sobre Dios es la vida que surge diariamente

[1] Donald Miller, *Blue Like Jazz: Nonreligious Thoughts on Christian Spirituality* (Nashville: Thomas Nelson, 2003), 110, 112.

de esa teología. Debo confesar que, para mí, ¡esta es una de las cosas más difíciles de la vida cristiana!

Santiago y Juan ante la muerte y resurrección de Jesús

Hemos hablado mucho de pensar correctamente sobre el evangelio, y hemos ilustrado cómo debería ser una creencia correcta en nuestras relaciones. Nuestra teología no se exhibe en nuestras palabras, sino en cómo tratamos a los demás. Santiago y Juan tuvieron que aprenderlo cuando se disputaban un puesto en el reino de Cristo (Marcos 10:35-45). Cuando preguntaron si podían sentarse a la izquierda y a la derecha de Jesús en el cielo, la respuesta de Jesús puso patas arriba sus expectativas.

> Cuando los otros diez escucharon esta conversación, perdieron la cordura con Santiago y Juan. Jesús los reunió para calmar los ánimos: «Han visto cómo se las gastan los gobernantes impíos», les dijo, «y cómo se les sube a la cabeza cuando tienen un poco de poder. Con ustedes no será así. El que quiera ser grande, que llegue a ser su siervo. El que quiera ser el primero, debe ser su esclavo. Eso es lo que ha hecho el Hijo del Hombre: Ha venido a servir, no a ser servido —y luego a dar su vida a cambio de muchos que están cautivos».[2]

Este fue uno de esos momentos críticos de enseñanza que Jesús supo aprovechar tan bien. Aquí Jesús comunicó algo radical sobre la vida en su reino. Mira cómo es fundamentalmente diferente de la vida en cualquier reino terrenal. El camino hacia la grandeza es descendente. El camino hacia la grandeza es la humildad. Pero más que eso, el camino a la grandeza se encuentra en servir a los demás.

---

[2] Eugene Peterson, *The Message* (Colorado Springs, CO: NavPress, 1993), Marcos 10:41-45.

Para que nuestras relaciones produzcan en nosotros un carácter semejante al de Cristo y para que florezca la comunidad cristiana, va a hacer falta mucha gente que disfrute siendo degradada a los ojos del mundo. Imagina a seres humanos que naturalmente quieren posición, poder y reconocimiento siendo transformados en personas que gustosamente se despojan de la autogloria y el amor propio para ser siervos a la imagen de Jesús. Esto es lo que convertirá las relaciones corrientes en algo glorioso. Servir a los demás es una forma sencilla de consolidar todos los pasajes bíblicos sobre «los unos a los otros» en una gran idea. Cuando nos servimos unos a otros, llevamos las cargas de los demás de manera práctica. Nos ensuciamos las manos cuando nos acercamos a la gente y prestamos atención a los detalles de sus vidas. Si nuestro compromiso declarado con Jesús no nos lleva a parecernos a él en nuestras acciones, entonces nos estamos burlando de él y no lo estamos representando fielmente ante el mundo.

Cuando piensas en tus relaciones, ¿cuántas de ellas giran en última instancia en torno a asegurarte de que se escuchan tus preocupaciones y se satisfacen tus «necesidades» autodefinidas? Empieza por los que más quieres. Estoy casado y tengo cuatro hijos, y la mayor parte del tiempo me dedico a pensar en cómo pueden hacer que mi vida sea más satisfactoria. Sé que esto es cierto por lo fácilmente que me irrito cuando tengo que renunciar a mi comodidad personal para servirles. Esto es con la gente a la que digo que quiero; ni siquiera he empezado a pensar en la gente difícil. Y no hablemos de nuestros enemigos. ¿Ves esto en ti? Este es el primer paso para convertirse en un siervo. Tienes que ver hasta qué punto no eres un siervo antes de empezar a serlo. Esa es la ironía permanente de la vida cristiana. Arriba es abajo; vida es muerte; y el poder se encuentra y se expresa en el servicio.

“Tienes que ver hasta qué punto no eres un siervo antes de empezar a serlo. Esa es la ironía permanente de la vida cristiana.”

El carácter y las acciones de un servidor

Los discípulos también tuvieron que aprender esto, lo que significa que estamos en buena compañía. Aquí había doce hombres normales que pasaron varios años en presencia de Jesús y, sin embargo, eran tan testarudos que se disputaban el poder y la posición. Hay un momento conmovedor en el ministerio de Jesús en el que se hace evidente para los discípulos lo que significa seguirle. Juan 13:1-17 describe a Jesús haciendo algo en la víspera de su crucifixión que deja atónitos a los discípulos e incluso ofende a Pedro. ¿Qué hace Jesús? ¿Qué quiere que entiendan sus seguidores mientras se prepara para su muerte? En una situación como esta, es de esperar que un líder reúna a sus seguidores y les dé instrucciones que les ayuden a cambiar el mundo. Jesús lo hace, pero a su manera sorprendente. Lo hace con palabras y acciones.

> Justo antes de la fiesta de Pascua, Jesús supo que había llegado el momento de dejar este mundo para ir al Padre. Habiendo amado a sus queridos compañeros, siguió amándolos hasta el final. Era la hora de la cena. El diablo ya tenía a Judas, hijo de Simón el Iscariote, firmemente agarrado, preparado para la traición.
>
> Jesús sabía que el Padre lo había puesto a cargo de todo, que venía de Dios y que iba de regreso a Dios. Se levantó de la mesa, se quitó la túnica y se puso un delantal. Echó agua en una jofaina y se puso a lavar los pies de los discípulos, secándolos con el delantal. Cuando llegó a Simón Pedro, Pedro dijo: «Señor, ¿*tú* me lavas *mis* pies?».
>
> Jesús contestó: «Ahora no entiendes lo que hago, pero te será claro por completo más tarde».
>
> Pedro insistió: «¡No vas a lavarme los pies —nunca!».
>
> Jesús dijo: «Si no te lavo, no puedes ser parte de lo que estoy haciendo».
>
> «¡Señor!», dijo Pedro. «Entonces no solo mis pies. ¡Lávame las manos! ¡Lávame la cabeza!».

> Jesús dijo: «Si te has bañado por la mañana, solo necesitas que te laven los pies y ya estás limpio de pies a cabeza. Mi preocupación, como comprenderás, es la santidad, no la higiene. Así que ahora están limpios. Pero no todos». (Sabía quién le traicionaba. Por eso dijo: «Pero no todos»).
>
> Cuando terminó de lavarles sus pies, cogió su túnica, se la volvió a poner y regresó a su sitio en la mesa.
>
> Luego dijo: «¿Comprenden lo que he hecho a ustedes? Se dirigen a mí como "Maestro" y "Señor", y con razón. Eso es lo que soy. Por eso, si yo, el Señor y el Maestro, lavo sus pies, ahora deben lavarse los pies los unos a los otros. Les he dado un modelo. Lo que yo he hecho, háganlo. Solo estoy señalando lo obvio. Un siervo no está por encima de su amo; un empleado no da órdenes al patrón. Si entienden lo que les digo, actúen como tal —y vivan una vida dichosa».[3]

Este es un pasaje sorprendente. Como toda la Escritura, está diseñado para perturbar a los cómodos y consolar a los perturbados. Cuando se entiende propiamente, ambas cosas deben darse en la misma persona. ¿Qué aprendemos de este pasaje sobre lo que significa ser un líder? ¿Qué aprendemos de nosotros mismos al observar la vida de los discípulos? ¿Qué nos motivará a amar de esta manera? Aplicar estas respuestas a tu vida te transformará y aportará una nueva visión y vitalidad a tus relaciones.

Las circunstancias no determinan si sirves

Una de mis excusas más comunes para no ser más cariñoso y servicial son mis circunstancias. Cuando estás agobiado por las dificultades, ¿qué es lo primero que quieres hacer? No quieres hacer *nada*. Quieres que los demás hagan cosas por ti. Quieres que te sirvan, no servir. De nuevo, solo tengo que mirar atrás hasta ayer para encontrar ejemplos. Cuando mis hijos me presionan nada más llegar del colegio, de repente me acuerdo de todas mis responsabilidades.

---

[3] *Ibid.*, Juan 13:1-17.

¿No entienden que tengo un trabajo con muchas cosas en las que pensar? ¿Por qué insisten en que les ayude con sus deberes inmediatamente? ¿No ven que tengo cosas más importantes de las que preocuparme que de sus tareas? Estos son los pensamientos que se agolpan en mi mente. Pronto me siento condenado por mi impaciencia e intento racionalizarla. *Sería más paciente si no tuviera que preocuparme por pagar las facturas y terminar mi trabajo. Sería un padre más amable y gentil si fueran menos agresivos y más obedientes y respetuosos.* En otras palabras, si mis circunstancias fueran más fáciles, sería un mejor servidor. Si pudiera ocuparme de mis cuidados, sería más cariñoso. De hecho, mis hijos acaban de llegar de la escuela mientras escribía esto, y tuve la tentación de ponerme irritable... ¡otra vez!

Cuando nos encontramos con Jesús en Juan 13, sus circunstancias son horribles. Jesús sabía que le había llegado la hora de morir en la cruz por los pecadores egocéntricos. Sabía que la ira de un Dios justo y santo pronto caería sobre él. El justo castigo por todos los pecados de su pueblo lo aplastaría en pocos días. Sin embargo, ¿qué hace? Sirve. Hace por sus discípulos lo que ellos deberían hacer por él. Coge una toalla y una palangana de agua y se pone a lavarles los pies. Habría sido muy tentador para Jesús decir: «Chicos, ¿qué no saben lo que me va a pasar? ¡Contrólense y consuélenme!». Sin embargo, no dice nada de lo que está a punto de sucederle; se limita a servir, sin autocompasión. Es totalmente desinteresado en el momento en que sería más tentador ser egoísta.

¡Eso no es normal! En realidad, es francamente milagroso. Cuando nuestras circunstancias son difíciles, parece un acto milagroso servir a otra persona. Pero eso es lo que hizo Jesús, y llama a sus seguidores a hacer lo mismo. Nunca debemos minimizar el humilde servicio de una persona a otra; es un signo de la gracia de Dios que actúa en la vida de una persona.

El valor de una persona no determina si le sirves o no

Jesús no solo sirve en medio de su mayor crisis, sino que sirve a los que no merecen ser servidos. Mientras los ojos de Jesús escudriñaban la sala, me pregunto qué estaría pensando. Vio a Judas, que pronto lo traicionaría y lo entregaría a las autoridades romanas. Vio a Pedro, que pronto negaría su relación con Jesús. Los otros diez discípulos utilizarían los pies que él lavaba para huir cuando Jesús más los necesitaba. Sin embargo, Jesús se arrodilló y les sirvió a todos.

> **Jesús no solo sirve en medio de su mayor crisis, sino que sirve a los que no merecen ser servidos.**

Es tentador utilizar mis circunstancias como excusa para evitar el servicio. Es igualmente tentador evaluar a alguien y decidir no servir porque no crees que lo merezca o lo aprecie. No hace falta estar mucho tiempo en el ministerio para encontrarse con personas egocéntricas, personas que piensan que es tu trabajo responder a todas sus llamadas. Habrá personas por las que derrames tu vida, que luego se den la vuelta y digan que no has hecho lo suficiente. Ese tipo de personas no merecen mi servicio. De hecho, ¡me vuelven loco!

Tal vez seas de los que piensan que pueden llevarse bien con casi todo el mundo. Si es así, o no has vivido mucho ¡o has sido capaz de protegerte de la mayoría de los seres humanos! Pero, con el tiempo, alguien entrará en tu vida y te empujará a un lugar en el que nunca te han empujado. O quizás eres alguien que se ha aventurado en la vida de otras personas y malamente te has quemado. Has jurado no volver a ponerte en una relación vulnerable. Te has vuelto frío, cuidadoso y protector. Jesús te llama a entrar en la vida de las personas y ser vulnerable. No dice que vaya a ser fácil, pero sí que es el único lugar donde puedes encontrar la vida. La vida se encuentra muriendo a uno mismo y cuidando de los demás de forma arriesgada.

Podemos dar gracias a Dios de que Jesús se moviera hacia sus discípulos, lo merecieran o no. Romanos 5:8 dice: «Siendo aún pecadores, Cristo murió por nosotros» (RVR1960). ¿Quién te tienta a rendirte? ¿Quién ha sobrepasado su cuota de compasión? Jesús te llama a servir a esas personas. Cuando modelamos este tipo de amor, es una prueba convincente de que realmente creemos lo que decimos. Cuando servimos a quienes no lo merecen, cambiamos y Dios lo utiliza poderosamente en la vida de los demás. Piensa en una o dos personas que hayan tenido un impacto significativo en tu vida. ¿No fueron la humildad y el servicio una gran parte de su influencia? Esas dos cualidades nos sorprenden y nos hacen querer ser así para los demás. Son una influencia poderosa.

> **Jesús sirvió porque era lo correcto, pero también sabía que era la única manera de que sus discípulos se libraran de la hueca búsqueda de la gloria personal y de la naturaleza esclavizadora del amor propio.**

Tengo cuarenta y cuatro años. He tenido más de veinte años para reflexionar sobre cómo me sirvieron mis padres. Pero tuve que casarme y tener mis propios hijos para poder vislumbrar todo lo que hicieron por mí mientras crecía. A medida que lo veo con más claridad, eso me obliga y me motiva a servir en silencio a mis propios hijos. Así, el servicio de mis padres se derrama ahora en la vida de mis hijos. Jesús sirvió porque era lo correcto, pero también sabía que era la única manera de que sus discípulos se libraran de la hueca búsqueda de la gloria personal y de la naturaleza esclavizadora del amor propio. ¡Qué impacto tuvo esto en los discípulos y en el mundo!

Tu posición no determina si sirves

Ahora llegamos a la parte más asombrosa de esta historia. Recuerda, Jesús sabía quién era. En Juan 13:1, Jesús sabe que está a punto de regresar al Padre. En el versículo 3, sabe que es el Rey del universo. En otras palabras, Jesús sabía que era Dios. No le debía nada a nadie. Se bastaba a sí mismo y no necesitaba a nadie. Sin embargo, decidió humillarse y lavar los pies de los discípulos. Este acto asombroso solo sería eclipsado por la humillación que sufriría voluntariamente en la cruz.

Nuestra cultura nos dosifica con la mentira de que el principal objetivo en la vida es ascender por la escalera del poder y la influencia. Nos dice que nos fijemos en Donald Trump o en otros como él si queremos ser grandes. Pensamos que el propósito, la realización y el significado se encuentran en el ascenso. Pero Jesús dice que todas esas cosas se encuentran al descender. Jesús y su reino están en curso de colisión con los valores de este mundo caído, y nos está llamando a alinearnos con él.

Si Jesús tiene razón y afirmas reconocerlo como tu Salvador y Rey, ¿cómo estás en términos de tu grandeza? ¿Serviste la semana pasada cuando el mundo podría decirte que deberías haber sido servido? No se me ocurre ninguna relación en la que esta noción se ponga a prueba con más frecuencia que con mis hijos. La Biblia dice claramente que los padres tienen autoridad sobre sus hijos. Los hijos no deben dirigir el hogar; los padres sí. Parece lógico que los hijos deban servir a sus padres. Sin embargo, al mismo tiempo, la Biblia redime la autoridad de patrones pecaminosos al humillar a los padres y llamarlos a usar su autoridad para el beneficio del niño. Cada día tengo la oportunidad de medir la sinceridad de mis creencias declaradas en Jesús. Tristemente, esas creencias a menudo no están sincronizadas con mis acciones. Pero hay veces, por la gracia de Dios, en que mis creencias y mis actos se unen armoniosamente, ¡y doy gracias a Dios por ello! ¿En qué parte de tu vida tienes el privilegio de servir a personas que están «por debajo» de ti?

Poder para los siervos

La historia de Jesús lavando los pies de los discípulos debería sobrecogerte. Si te sentías cómodo cuando empezaste a leer este capítulo, ¡deberías estar muy perturbado ahora! ¿Estás viendo cuán persuasivo es tu egocentrismo en tus relaciones? Cada vez que leo Juan 13 veo mi montón de fracasos diarios. Veo lo «centrado en mí» que estoy, incluso cuando creo que estoy sirviendo. Sin embargo, a pesar de nuestro egocentrismo, en los versículos 14 y 15 Jesús nos sigue llamando a este tipo de servicio humilde. Esto puede ser abrumador, pero también puede ayudarnos a ver que no nos bastamos a nosotros mismos para comportarnos así. Vemos que necesitamos el poder y la gracia de Dios para cambiar.

Aunque los discípulos no entendían lo que Jesús estaba haciendo en ese momento, después de su resurrección y la venida del Espíritu Santo, todo tuvo sentido para ellos. Esto no se debía a que tuvieran conocimientos cognitivos que los transformaron en siervos. Cambiaron radicalmente porque experimentaron la transformación espiritual interior provocada por la obra de Jesús en su favor. Lo que los discípulos llegaron a «comprender» experimentalmente los transformó en hombres totalmente diferentes. Nosotros necesitamos la misma comprensión si queremos servir a la gente a largo plazo.

Lavado de pies y la cruz

Cuando Jesús se acerca a lavar los pies de Pedro, este no soporta ver a Jesús en este lugar de abyecta sumisión. No le permite continuar. Jesús le explica lo que está haciendo y lo que significa. En el versículo 7, Jesús dice: «Ahora no entiendes lo que estoy haciendo… pero lo entenderás más tarde». Luego dice, mientras Pedro protesta: «Si no te los lavo, no tendrás parte conmigo». ¿Qué significan estas enigmáticas palabras? Jesús está diciendo que lo que está haciendo simboliza algo aún más grande. Su humilde servicio de lavarles los pies apunta a lo que hará por ellos en la cruz dentro de pocos días. Pero en lugar de agua, su sangre será derramada mientras da su vida por ellos. El sacrificio de su sangre será el agente purificador que limpiará sus pecados y hará de ellos templos vivos en los que habite el Espíritu Santo. Jesús le dice a Pedro que si no se humilla y recibe lo que va a hacer por él en la cruz, Pedro no tendrá parte con él. Jesús sabe que, a menos que estos hombres orgullosos se humillen para recibir la gracia, nunca podrán dar gracia de la manera en que Jesús les ha servido. Los pecadores orgullosos que no pueden recibir la gracia como un don de Dios no estarán dispuestos a ofrecerla. No puedes servir a otros pecadores si no recibes el servicio de Jesús para ti. No hay manera de que estés preparado para la tarea.

La necesidad de la gracia cotidiana

Jesús dice otra cosa sorprendente en el versículo 10: «El que ya se ha bañado no necesita lavarse más que los pies... pues ya todo su cuerpo está limpio. Y ustedes ya están limpios, aunque no todos». ¿Qué quiere decir Jesús? Se refiere a su relación con Dios. Han sido bañados, lo que significa que están en una relación con Dios en virtud de su simple fe en Jesús, su Salvador. En otras palabras, están justificados. Pero Jesús dice que el baño, por importante que sea, debe ir acompañado de la purificación diaria. Necesitan la gracia diaria de la santificación. Tú y yo necesitamos la obra limpiadora de la vida, muerte y resurrección de Jesús aplicada a nuestras vidas diariamente. No puedes vivir de la gracia pasada. Necesitas la gracia presente.

En cuanto salgas al mundo, te enfrentarás a problemas y persecución. Puede que tengas que involucrarte en desagradables disputas eclesiásticas entre creyentes, o algo igualmente doloroso. Habrá momentos en los que te preguntarás si vale la pena seguir a Jesús. En esos precisos momentos, necesitarás la obra del Espíritu en tu vida para recordarte tu propio pecado y la gracia disponible para ti. El arrepentimiento y la fe deben ser tu estilo de vida diario. ¿Por qué? Porque te abate y te levanta al mismo tiempo.

“Habrá momentos en los que te preguntarás si vale la pena seguir a Jesús. En esos precisos momentos, necesitarás la obra del Espíritu en tu vida para recordarte tu propio pecado y la gracia disponible para ti.”

¿Cuándo fue la última vez que te llamaron para servir a alguien? ¿Qué te movió en dirección a esa persona? ¿Fue recordar lo grande que eres y lo mucho que esa persona necesitaba ser tocada por tu grandeza? Si eso fue lo que te motivó, tu servicio fue mísero en el mejor de los casos. ¿Cuándo fue la última vez que serviste bien a alguien aunque sabías que nadie te vería haciéndolo? ¿Qué te impulsó a hacerlo? Tenía que haber, en algún nivel, una conciencia de la gracia que Cristo te ofrecía a pesar de tu propia depravación.

A medida que el Espíritu Santo trabajaba estas verdades profundamente en tu corazón, desarrollaste el deseo de llevar la carga de otra persona. Lo hiciste a pesar de lo que pudieras ganar. Solo la gracia diaria puede tener este efecto.

Al reflexionar sobre esta historia, debes ver cuánto necesitas la gracia diaria. Considera las innumerables veces que has fallado a otros en momentos de autoprotección y autogloria. Si no hubiera un lugar al que acudir en busca de limpieza y sanación, no habría razón para seguir adelante. Pero el servicio que Jesús nos prestó en su vida, muerte y resurrección no es solo para el perdón de los pecados o un futuro en el cielo; es también para el poder diario de cambiar en el presente. No solo se nos promete la vida después de la muerte, ¡sino la vida antes de la muerte! Puedes recordar esto cuando te enfrentes a las realidades de la vida en un mundo roto.

Promesas de bendición

En Juan 13:17, Jesús dice: «¿Entienden esto? Dichosos serán si lo ponen en práctica». La bendición llega cuando el saber y el hacer se cruzan, y la vida cristiana es la vida más bendita que se puede vivir. En la película *Carros de fuego*, el protagonista Eric Liddell dice: «Cuando corro, siento el placer de Dios». Jesús dice que cuando servimos a otra persona, experimentamos el placer de Dios. Cuando Eric Liddell corría, estaba viviendo aquello para lo que Dios le había dotado: ser corredor. Cuando tú y yo servimos, estamos viviendo lo que Dios nos ha hecho ser, siervos. Cuando servimos es cuando más nos parecemos a la Trinidad. Padre, Hijo y Espíritu redimieron un mundo caído mediante el servicio y el sacrificio. No hay nada más parecido a Dios que servir a los demás.

Juan reconsiderado

Poco se sabe del hermano de Juan, Santiago (la tradición dice que murió como mártir). Pero sabemos que Juan fue una persona cambiada después de la resurrección de Jesús. Esto se puede ver en sus escritos posteriores. Es el autor del pasaje que hemos estado considerando, pero también escribió otras cartas del Nuevo Testamento que se centran en las obras que deben acompañar a nuestras palabras de fe. Los hechos concretos de los que habla son los hechos hacia las personas. Lea cómo lo expresa en 1 Juan 3:16-18:

> Así es como hemos llegado a entender y experimentar el amor: Cristo sacrificó su vida por nosotros. Por eso debemos vivir con sacrificio por nuestros hermanos, y no solo por nosotros mismos. Si ves a algún hermano o hermana necesitado y tienes los medios para hacer algo al respecto, pero te quedas de brazos cruzados y no haces nada, ¿qué le pasa al amor de Dios? Desaparece. Y tú lo has hecho desaparecer. Mis queridos hijos, no solo hablemos acerca del amor, practiquemos el amor de verdad.[4]

No cabe duda de que Juan habla y actúa de forma muy diferente a como lo hacía en Marcos 10. ¿Qué le ha hecho cambiar tan radicalmente? ¿Qué lo cambió tan radicalmente? El servicio práctico y sacrificado de Jesús en la cruz y todas las bendiciones que se derivan de su obra. Si hay esperanza para un hombre como Juan, también la hay para ti y para mí. Lo que Jesús hizo por Juan como su Señor y Salvador viviente es nada menos que milagroso. Fue perdonado, adoptado y lleno del Espíritu. Dios prometió protegerlo y cuidarlo en esta vida y un día liberarlo por completo del pecado para que pudiera amar al Padre, al Hijo y al Espíritu para siempre. Esto es lo que cambió a Juan; esto es lo que puede cambiarnos a ti y a mí. Esta es la buena noticia del evangelio. Jesús ha venido por los pecadores para comenzar un proceso de transformación total que terminará en nosotros exhibiendo el mismo carácter de Jesús.

Servir a los demás

Los siguientes pasajes sobre «los unos a los otros» pueden ayudarte a aplicar lo que has leído en este capítulo. Tómate un momento para

---

[4] *Ibid.*, 1 Juan 3:16-18.

reflexionar sobre algunas relaciones concretas de tu vida. Puedes considerar tres: un ser querido, una persona difícil a la que sueles evitar y un enemigo. Con estas personas en mente, considera estos pasajes y los mandatos prácticos que dan. Evalúa cómo lo estás haciendo. Reflexiona sobre la gracia de Cristo y el servicio que te ha prestado. Piensa en cómo puedes servir a estas personas en los próximos meses.

Dedíquense los unos a los otros

Romanos 12:10 dice: «Ámense los unos a los otros con amor fraternal». Esto significa que tratamos a otras personas como si fueran parte de nuestra familia, con el tipo de amor mutuo que existe entre padres, hijos y hermanos. Claro que hay disputas familiares, pero cuando el calor aprieta, nos unimos en torno a nuestra familia. ¿A quién hay que rodear como si fuera de «sangre»? Ahora que lo pienso, si son cristianos, el vínculo entre tú y ellos es más que biológico. Están unidos espiritualmente a través de nuestro hermano mayor, Jesús. ¿Cómo debería influir esto en tus relaciones?

Honrarnos los unos a los otros

Romanos 12:10 dice: «Honrándose mutuamente». Honrar a alguien significa que lo tratas con seriedad. Lo tratas como alguien de valor. Pablo sugiere hacer esto pasando a un segundo plano. Jesús vino y se humilló para que nosotros pudiéramos ser levantados. Lo hizo por ti. ¿A quién necesitas tratar con honor?

Aceptarnos unos a otros

Romanos 15:7 dice: "Acéptense mutuamente, así como Cristo los aceptó a ustedes, para gloria de Dios». Todos diferimos unos de otros en multitud de cuestiones que no son fundamentales para ser cristianos. A menudo estas diferencias se convierten en las cosas que consideramos más importantes, y esto podría llevarnos fácilmente a distanciarnos unos de otros. En Santiago 2, los ricos eran culpables de favoritismo. Se distanciaban de los que no tenían la misma posición social y económica. Cuando no aceptamos a los demás, perdemos oportunidades de servir. ¿A quién tiendes a excluir? ¿Qué convicciones secundarias, no esenciales, permites que se interpongan entre tú y otro cristiano? ¿De qué manera necesitas aceptar a los demás? ¿Quién necesita tu aceptación en este momento?

Sobrellevar unos a otros las cargas

Gálatas 6:2 dice: «Ayúdense unos a otros a llevar sus cargas, y así cumplirán la ley de Cristo». Este mandamiento es muy práctico. En el contexto de la lucha de otro cristiano, estamos llamados a luchar junto a él. Parte del peso de su carga recaerá sobre ti. Puede que afecte a tu estilo de vida y exija sacrificios. Puede significar reunirse con alguien durante un periodo de tiempo. Puede requerir un sacrificio financiero. Puede significar ambas cosas. ¿En qué aspectos necesitas asumir la carga de otra persona? ¿Cómo cambiará eso la forma en que utilizas tu tiempo y tu dinero, tus talentos, tus posesiones y tu reputación? ¿De qué otros recursos dispones para aliviar la carga?

Soportarse unos a otros

Efesios 4:2 enseña: «Siempre humildes y amables, pacientes, tolerantes unos con otros en amor». Ya hemos hablado de perdonar a los demás cuando hemos pecado contra ellos. Soportar a los demás es igualmente importante. ¿Qué significa soportar a los demás? Significa que eres paciente con los demás cuando tendrías la tentación de irritarte. ¿Qué debilidades e idiosincrasias te cuesta tolerar en los demás? No se trata necesariamente de pecados, sino de cosas que te sacan de quicio. ¿A quién te cuesta amar? ¿Qué tipo de personas evitas inconscientemente porque simplemente te molestan? Seguro que se te ocurre alguien. Servirle significa estar dispuesto a ser tolerante, incluso

> **“Fíjate en lo tolerante que era Jesús con sus discípulos. Podemos estar agradecidos de que también lo sea con nosotros.”**

cuando hace cosas que te molestan. Recuerda que tú también tienes debilidades y cosas que molestan a los demás. Fíjate en lo tolerante que era Jesús con sus discípulos. Podemos estar agradecidos de que también lo sea con nosotros.

Servir a los demás es práctico

Servir a los demás es la forma en que ponemos los pies en nuestra fe. Lo que creemos no es solo lo que decimos; está inextricablemente ligado a lo que hacemos. ¿Cómo lo estás haciendo? ¿Se expresa tu fe en Jesús en tus relaciones? Me gano la vida hablando y escribiendo sobre la Biblia. Eso me asusta, porque puede parecer a los demás que soy realmente maduro espiritualmente. Incluso yo mismo podría empezar a creerlo. Pero ¿soy realmente maduro y estoy creciendo en la gracia? ¿Corresponden mis acciones a todo lo que digo?

¿Y tú? ¿Se te conoce por saber mucho sobre la Biblia y la doctrina, pero no por servir calladamente a los demás? Si eres padre o madre, esposo o esposa, hijo, vecino o hermano, ¿cómo será tu servicio esta semana? El servicio humilde es una señal de la obra del Espíritu en ti. ¡Que sea cada vez más evidente en todos nosotros a medida que crecemos en gracia!

CAPÍTULO 12

MISERICORDIA

‹Veloces son sus pies para ir a derramar sangre;
dejan ruina y miseria en sus caminos,
y no conocen la senda de la paz›.

ROMANOS 3:15-17

Hermanos míos, la fe que tienen en nuestro glorioso Señor Jesucristo no debe dar lugar a favoritismos. Supongamos que en el lugar donde se reúnen entra un hombre con anillo de oro y ropa elegante, y entra también un pobre desharrapado. Si atienden bien al que lleva ropa elegante y le dicen: «Siéntese usted aquí, en este lugar cómodo», pero al pobre le dicen: «Quédate ahí de pie» o «Siéntate en el suelo, a mis pies», ¿acaso no hacen discriminación entre ustedes, juzgando con malas intenciones?

Escuchen, mis queridos hermanos: ¿No ha escogido Dios a los que son pobres según el mundo para que sean ricos en la fe y hereden el reino que prometió a quienes lo aman? ¡Pero ustedes han menospreciado al pobre! ¿No son los ricos quienes los explotan a ustedes y los arrastran ante los tribunales? ¿No son ellos los que blasfeman el buen nombre de aquel a quien ustedes pertenecen?

> Hacen muy bien si de veras cumplen la ley suprema de la Escritura: «Ama a tu prójimo como a ti mismo»; pero, si muestran algún favoritismo, pecan y son culpables, pues la misma ley los acusa de ser transgresores. Porque el que cumple con toda la ley, pero falla en un solo punto ya es culpable de haberla quebrantado toda. Pues el que dijo: «No cometas adulterio», también dijo: «No mates». Si no cometes adulterio, pero matas, ya has violado la ley.
>
> Hablen y pórtense como quienes han de ser juzgados por la ley que nos da libertad, porque habrá un juicio sin compasión para el que actúe sin compasión. ¡La compasión triunfa en el juicio! (Santiago 2:1-13)

Estábamos convencidos de que era lo que Dios nos había llamado a hacer. Íbamos a vivir con un compromiso de hogar abierto a la hospitalidad y a considerar nuestra casa como un recurso ministerial dado por Dios. La mayoría de nuestros huéspedes ministeriales habían sido a corto plazo. Después de una noche más o menos, se iban y nuestra casa volvía a la cómoda normalidad. Pero esta vez era diferente. Habían pasado semanas y no se veía el final.

El problema era que simplemente me sacaba de quicio y, a pesar de todos mis intentos por lidiar con ello, me resultaba muy difícil soportarla.

Habíamos recibido la llamada a última hora de la tarde del domingo. Tenía diecisiete años. La habían echado de casa y se preparaba para irse a la cama en un parque local. Además de sentirse avergonzada e insegura de en qué se estaba metiendo aquella noche, estaba dolida, enfadada y asustada. En pocos días quedó claro que no podía volver a casa y que no tenía otras opciones. Así que, por una creencia combinada en la soberanía de Dios y una llamada a la misericordia, nos comprometimos a largo plazo. Estábamos entusiasmados porque Dios nos daba la oportunidad de hacer lo que nos habíamos comprometido a hacer. Nos motivaban las formas en que Dios podía utilizar esto para transformar la vida de esta joven. Realmente nos encantaba el hecho de que Dios viera nuestra casa como una herramienta de ministerio, y estábamos listos para aprender, en el trabajo, exactamente lo que eso significaba.

El problema fue que puso a prueba mi paciencia como pocas personas lo han hecho. La presentamos a la gente de nuestra iglesia y luego a nuestro grupo pequeño. Todos la acogieron inmediatamente y parecían entusiasmados con lo que estábamos haciendo. Llegamos a conocer su historia, nos comunicamos con su familia y empezamos a ayudarla a reflexionar sobre cómo había llegado a ese punto y cómo tenía que prepararse para el futuro. Cuanto más tiempo se quedaba, más sinceras se volvían nuestras conversaciones. Pudimos ver que empezaban a producirse cambios en sus perspectivas sobre sí misma y sobre la vida en general, y empezamos a ver cómo crecía su interés espiritual. Pero a pesar de todas estas cosas positivas, seguía sacándome de quicio.

Era inmadura, egocéntrica, rebelde, grosera, ilógica, desordenada y entrometida. ¡Nunca había vivido con alguien con todas esas cualidades en un mismo paquete! Parecía que, si mejoraba en un aspecto, me irritaba en otro. No hacía muchas cosas bien y casi nada de lo que decía sonaba lógico y maduro. Era evidente que necesitaba algo de autoridad en su vida, pero se rebelaba incluso contra las normas más insignificantes de nuestro hogar. Discutía con cualquiera que se atreviera a orientarla. Dejaba un rastro de caos allá donde iba y parecía alérgica a las tareas domésticas de cualquier tipo. Había tomado una serie de decisiones horribles que la dejaron literalmente en la calle, pero se apresuraba a defender cada una de ellas. Tenía un universo muy pequeño, pero ella era su centro. Vivía como si realmente «todo girara en torno a ella». Por encima de todo, parecía dedicada a inmiscuirse en los retazos de intimidad que nos quedaban. Tenía el don de sacar lo peor de mí, aunque ella nunca parecía saberlo y probablemente diría que teníamos una buena relación.

La lucha de Mercy

Hay un corolario de la Ley de Murphy que dice: «Todo lo que decides hacer cuesta más de lo que estimaste al principio». Lo mismo ocurre con el ministerio. Si tienes el compromiso de hacer algo más que sobrevivir a la gente que te rodea, una agenda más alta que tu propia felicidad y el deseo de ser un instrumento en las manos de Dios, pronto aprenderás que el coste del ministerio siempre supera tus cálculos preliminares. Lo mismo ocurre con la misericordia.

Una relación sin misericordia es una relación vivida fuera de los límites bíblicos. Dios nos llama claramente a respondernos unos a otros desde un corazón misericordioso. Nos manda extender a los demás la misma misericordia que hemos recibido de Él. El problema es que la misericordia es difícil. Ese fue mi problema con nuestro huésped. Yo quería vivir con una casa abierta y tocar la vida de las personas. ¡Pero no pensé que sería tan difícil!

> **“Una relación sin misericordia es una relación vivida fuera de los límites bíblicos.”**

Alguien dijo una vez que la misericordia es un bien que todos desean, pero nadie quiere dar. Sin embargo, Dios me había llevado a un punto en el que no solo quería recibir misericordia; también veía el valor de darla. Quería que nuestro hogar fuera un lugar donde se pudiera encontrar misericordia. Sentía compasión por los menos afortunados. Quería usar lo que Dios nos había dado para aliviar su angustia, y quería que nuestra misericordia les presentara la misericordia de Dios. Pero la misericordia es más costosa de lo que imaginamos, y cuando llega esa factura, tendemos a estar menos enamorados de su belleza. Esa era mi situación.

A medida que extiendas la misericordia y te encuentres con su alto coste, verás lo débil que es tu compromiso con la misericordia y lo poco misericordiosas que pueden ser tus respuestas. Es muy humillante, pero un compromiso con la misericordia revelará tu propia necesidad de misericordia. Por desgracia, es algo que a menudo preferimos no ver. Queremos pensar que somos fundamentalmente diferentes de las personas que necesitan misericordia cuando, en realidad, somos iguales. También nosotros somos personas imperfectas; también nosotros necesitamos misericordia todos los días de nuestra vida. Pero es más cómodo pensar que somos justos y fuertes, mientras que los demás están necesitados y son débiles. Por eso, cuando se trata de la misericordia, tenemos una doble mentalidad. Preferimos dar misericordia a necesitarla, pero incluso entonces, desearíamos que el dar no fuera tan costoso y revelador.

Desde el punto de vista de Dios, uno de los aspectos más beneficiosos de la misericordia es que nivela el terreno de juego. La misericordia nos obliga a todos a afrontar el hecho de que la necesitamos. Ninguno de nosotros tiene la ventaja espiritual. En nuestra lucha contra el pecado, todos necesitamos compasión, simpatía, perdón y rescate. Todos somos pobres de alguna manera, nos faltan cosas que necesitamos desesperadamente. Cada uno de nosotros vive con la debilidad y los resultados de nuestras propias malas decisiones. Pero incluso cuando parece que lo tenemos bien, incluso cuando estamos comprometidos a vivir en la misericordia, luchamos por amar a las mismas personas a las que hemos mirado con simpatía. E incluso cuando nos regodeamos en el perdón de Dios, nos resulta increíblemente difícil soportar el pecado y la debilidad de los demás. Por eso, en el espejo de la misericordia, todos tendemos a parecer iguales.

“En el espejo de la misericordia, todos tendemos a parecer iguales.”

Bueno, pero ¿qué es la misericordia?

Una vez pedí a los asistentes de un retiro que me definieran la fe. La primera persona dijo: «Bueno, significa creer». Yo respondí: «¿Qué significa creer?». Una segunda persona respondió: «Creer significa confiar». Y yo pregunté: «¿Qué significa confiar?». Y alguien respondió: «Significa tener fe». Habíamos dado un rodeo completo en tres pasos y no nos habíamos acercado a la definición de fe. Lo mismo ocurre con la misericordia. Es uno de esos términos bíblicos que todo creyente ha oído, que muchos usan, pero que pocos pueden definir correctamente. Por lo tanto, quiero darte dos definiciones de la misericordia: (1) la misericordia es el trato amable, compasivo y perdonador de los demás que trabaja para aliviar su angustia y cancelar su deuda. O (2) misericordia es compasión combinada con indulgencia y acción.

Estas dos definiciones nos dicen mucho sobre qué es la misericordia, por qué es necesaria y cómo se expresa. La misericordia es mucho más que la punzada de compasión que sientes momentáneamente cuando pasas junto a un mendigo sin techo en la calle. Rápidamente se te pasa por la cabeza que debe ser duro no tener dónde vivir. Te preguntas por un segundo cómo lo hace y, al pasar, te sientes aliviado de no estar en su situación. Un momento después, te has olvidado de él y tú y tus amigos están hablando del estupendo restaurante al que van a ir esa noche. Puede que hayas sentido una simpatía momentánea, pero tus actos carecen de piedad. Lo que hace que la misericordia sea misericordiosa es una compasión sincera que se traduce en algún tipo de acción hacia la otra persona. La misericordia no es solo algo que se siente; la misericordia es algo que se hace. Es un estilo de vida, una actitud hacia los demás que determina todo lo que decimos y hacemos.

La misericordia tiene ojos. Presta atención a tu angustia y se da cuenta de tus debilidades y fracasos. Pero la misericordia mira estas cosas con ojos de compasión. No te critica por la difícil situación en que te encuentras ni te condena por tu pecado. La misericordia quiere aliviar tu sufrimiento y perdonar tus deudas. Busca maneras de ayudarte a salir de tu lucha y de quitarte la culpa y la vergüenza. La verdadera misericordia es inquieta. No se contenta con lo establecido. No descansa hasta que las cosas mejoran para ti. Trabaja duro, cuesta mucho, y está dispuesta a aguantar hasta que el trabajo esté hecho.

La misericordia está impulsada por tres cualidades de carácter:

Compasión. La compasión es una profunda conciencia del sufrimiento ajeno que lleva al deseo de ayudar. La compasión ve más allá de las propias dificultades para preocuparse por las dificultades de los demás.

Perdón. El perdón perdona a una persona por una ofensa sin tratarla como a un criminal ni guardar resentimiento contra ella.

Paciencia. La tolerancia es paciencia ante la provocación. Es estar dispuesto a estar al lado de alguien que tiene problemas, aunque eso haga la vida más difícil.

La misericordia mira los problemas de los demás y se preocupa, actúa, perdona y persevera.

¿Qué hace que la misericordia sea tan esencial?

Como muchas otras cualidades de una buena relación, la misericordia es esencial porque nuestras relaciones tienen lugar en medio de la gran historia redentora. Vivimos en un mundo caído y nos enfrentamos a dificultades y angustias mientras luchamos simultáneamente con el pecado que permanece en nosotros. La misericordia es necesaria porque ni el mundo en que vivimos ni las personas que lo habitan son perfectos.

Ninguno de nosotros podría vivir en un mundo donde solo hubiera justicia. A causa de nuestro pecado, ninguno de nosotros está preparado para que la justicia pura se ejerza en nuestra dirección. Sin misericordia, todos estaríamos condenados. Por eso, hasta que llegue el reino de Dios, retiene su justicia final. Nos da un día más para confesar y apartarnos del mal. Es asombrosamente paciente, infinitamente bondadoso e increíblemente perdonador. Su compasión hace que su justicia espere y su misericordia actúe. Y puesto que Dios ha decidido responder a su mundo con misericordia, esto nos llama más a ser nosotros mismos misericordiosos. Sin embargo, tendemos a confundir la misericordia con la justicia. Queremos misericordia para nosotros mismos porque queremos que nuestras vidas sean cómodas, y queremos justicia para el otro porque queremos que nuestras vidas sean cómodas. Como pecadores ensimismados, sencillamente no queremos tratar con personas angustiadas y con defectos. Pero es imposible tener relaciones sin sentirse atribulado por los problemas de los demás.

La enseñanza bíblica sobre la misericordia es clara. Hasta que llegue el reino de Dios y todo lo roto sea restaurado, seguirá habiendo sufrimiento. Mientras Dios decida dar a los pecadores una oportunidad más para arrepentirse, la angustia de vivir en un mundo caído continuará. Por eso la misericordia es un ingrediente esencial de cualquier relación piadosa. La misericordia es lo que hemos recibido y lo que estamos llamados a dar. Misericordia es mi compromiso de vivir a tu lado en este mundo roto, aunque sufriré contigo, por ti y a causa de ti. Haré todo lo que pueda para aliviar tu angustia.

Tus relaciones y la agenda de misericordia

Un compromiso con la misericordia cambiará tus relaciones, al igual que te cambiará a ti. Consideremos cómo un compromiso práctico con la misericordia establecer una nueva agenda para tu vida relacional.

Misericordia significa que esperas sufrimiento en tus relaciones y estás dispuesto a soportarlo

Incluye la voluntad de que tu vida se vea afligida por la debilidad y la angustia de los demás. Misericordia significa que permaneceré cerca de mi hijo adolescente, incluso cuando su vestuario me avergüence y su extravío espiritual perturbe mi corazón. Misericordia significa que perseveraré con un cónyuge con más debilidades de las que me di cuenta cuando nos casamos. Misericordia significa que amaré a alguien cuyos modales me ofenden. Incluye la voluntad de involucrarme en la vida de alguien, incluso cuando eso signifique inconvenientes y sacrificios personales. *¿Demuestran tus relaciones una disposición a sufrir por el bien de los demás?*

Misericordia significa que estás dispuesto a vivir con los pobres

Santiago 2 lo deja muy claro. A menudo, la gran lucha con la misericordia es su llamada a relacionarnos con personas que consideramos inferiores a nosotros. A menudo, cuando descubrimos la «pobreza» de otro, nos desencantamos de la relación y planeamos nuestra salida. Ten en cuenta que la pobreza no siempre es económica. Puede ser difícil convivir con una persona porque es pobre espiritual o socialmente. La cuestión es que, cuando estás en una relación con alguien, su «pobreza» se convertirá en tu experiencia de primera mano. Es entonces cuando un compromiso con la misericordia pondrá al descubierto tu pensamiento erróneo. Tú y yo tendemos a vernos a nosotros mismos como «ricos» y a la otra persona como «pobre». La realidad espiritual es que ambos somos pobres: ¡ninguno de los dos saldría adelante en un mundo desprovisto de misericordia! ¿Tus actitudes y respuestas cambian cuando descubres que una persona es «pobre» de alguna manera?

Misericordia significa que resistes la tentación del favoritismo

Santiago 2 es un ataque frontal a una de las idolatrías más frecuentes del cristianismo: el favoritismo. Damos gracias a Dios por aceptarnos a pesar de ser personas desastrosas y difíciles, pero tendemos a rodearnos de personas fáciles de querer y que nos quieren a cambio. Nos frustramos cuando las personas «fáciles» resultan no serlo tanto después de todo. Es tentador para un padre favorecer a un niño más obediente, o para un amigo favorecer a un amigo más «unido», o para un grupo pequeño estar más emocionado cuando una pareja adinerada se une que cuando un hombre adicto comienza a asistir. Si sólo nos comprometemos a ser hospitalarios con las personas que nos resultan cómodas, nuestras vidas siguen careciendo de misericordia. *¿Hay relaciones en las que te has dejado llevar por el favoritismo?*

Misericordia significa que te comprometes a perseverar en las dificultades

La misericordia ve la dificultad y no huye. Se involucra. La misericordia hace su mejor trabajo cuando el sufrimiento es evidente o el perdón es necesario. No busca una salida solo porque las cosas se han puesto difíciles de repente. La misericordia que no persevera no es misericordia. No existen relaciones ideales. Todos estamos llamados a perseverar a través de cosas dolorosas para ser parte de lo que Dios está haciendo. *En tus relaciones, ¿dónde estás luchando con el llamado de Dios a perseverar?*

La misericordia rechaza una agenda de «felicidad personal»

Si quiero que mis relaciones satisfagan mis necesidades o si vivo para la comodidad y la facilidad, no tendré misericordia cuando las cosas se pongan difíciles. Misericordia significa vivir por una agenda más alta que mi felicidad presente. La misericordia está dispuesta a implicarse en cosas que no son felices o cómodas. Encuentra más alegría en hacer la voluntad de Dios que en una vida cómoda y predecible. La misericordia está dispuesta a renunciar a la comodidad para llevar el consuelo de Dios a otra persona. Encuentra más satisfacción en el progreso del reino de Dios que en el desarrollo del reino del hombre. Siempre está más motivada por lo que Dios quiere hacer en una relación que por lo que pensamos que podemos sacar de ella. *¿Dónde te está llamando Dios a dejar lo que es cómodo para que puedas compartir con otro lo que Él te ha dado?*

Misericordia significa que vives con el compromiso de perdonar

Siempre que te involucres con personas que necesitan misericordia, inevitablemente pecarás contra ellas. Cuando me comprometo a amarte, tu pecado y tus luchas se convertirán en mi experiencia de primera mano. Una razón por la que tenemos favoritos es que no queremos relacionarnos con personas que necesitarán nuestro perdón. Pero la misericordia significa que estoy tan agradecido por el perdón diario que recibo que no puedo evitar ofrecerte lo mismo. Mis acciones y actitudes se rigen por el humilde reconocimiento de que todo lo que ofrezco, también lo necesito desesperadamente. *¿Hay personas en tu vida a las que te cuesta perdonar?*

> **La misericordia está tan comprometida con la belleza de las grandes cosas que Dios está haciendo, que no tiene tiempo para centrarse en cosas que no tienen importancia.**

Misericordia significa que pasas por alto ofensas menores

Es tentador centrarse en las cosas irritantes que hace otra persona mientras excuso mis propias ofensas menores. Pero la misericordia no es hipervigilante, ni se irrita fácilmente, ni se ofende con rapidez. La misericordia está tan comprometida con la belleza de las grandes cosas que Dios está haciendo, que no tiene tiempo para centrarse en cosas que no tienen importancia. *¿Hasta dónde te has dejado distraer e irritar por las pequeñas ofensas de los demás?*

La misericordia no compromete lo que es moralmente correcto y verdadero

Extender la misericordia no significa dar la espalda a la ley de Dios. Tenderte la mano con misericordia no significa que renuncie a lo que es moralmente correcto y verdadero. Misericordia significa que, si estás atrapado en el pecado, no ignoraré tu situación, ni me enfadaré, ni te abandonaré, sino que te señalaré a Dios y a las promesas y principios de su Palabra. Mi voluntad de perseverar y perdonar refleja mi deseo de dar a Dios espacio para hacer las cosas buenas que solo Él puede hacer en tu vida. La misericordia entiende que la gracia es un mejor camino para el cambio que la condena, pero nunca compromete lo que es moralmente correcto y verdadero. *¿Hay lugares en los que has confundido el compromiso con la misericordia?*

Un compromiso con la misericordia revelará los tesoros de tu corazón

¿Por qué nos cuesta ofrecer misericordia? Luchamos porque hay cosas que deseamos más que a Dios y su gloria. Nuestra lucha revela que nuestros corazones se rigen más por la comodidad, el aprecio, el respeto, el amor, el éxito, el control, el logro, las posesiones, la posición, el poder y la aceptación de lo que hemos estado dispuestos a admitir. He aquí la dolorosa realidad espiritual: nuestra lucha con la misericordia no es solo una lucha del segundo gran mandamiento; es también una lucha del primer gran mandamiento. Luchamos por responder correctamente los unos a los otros porque no tenemos a Dios en el lugar correcto. La misericordia en nuestras relaciones se ha visto comprometida por la búsqueda sutil de varios sustitutos de Dios. *¿Se interponen tus deseos en el camino de ofrecer misericordia a los demás?*

Dar misericordia siempre exige misericordia

Cuando extiendas la misericordia, empezarás a ver lo egoísta, impaciente, implacable e inconsistente que puedes llegar a ser. La misericordia te mostrará cuánto necesita todavía tu propio corazón la obra continua del Redentor. Te llevará hasta el final de ti mismo y a la gracia de tu Salvador misericordioso. ¡Y eso es algo muy bueno!

El resto de la historia

La chica de diecisiete años que vivía en nuestra casa es ahora una mujer adulta con hijos propios. Sigue formando parte de nuestras vidas. Mientras estuvo con nosotros, Dios cambió radicalmente su corazón y la dirección de su vida. Pero no puedo recordar esos días difíciles y pensar solo en ella. Normalmente, mi mente se dirige a mí y a mi Señor. Al llamarme a la misericordia, Dios en realidad me estaba extendiendo misericordia a mí. No estaba sacrificando su obra en mí para lograr algo que valiera la pena en ella. Cuando Dios me eligió para ser su instrumento de misericordia, no fue solo una llamada al deber; fue un don de gracia. Aunque no estuve muy dispuesto y a menudo lo eché a perder por el camino, ¡me alegro tanto de la decidida gracia de Dios! Él nos permitió mantener el rumbo, aunque a veces yo me resistiera. Fue misericordioso con ella y conmigo.

CAPÍTULO 13

TIEMPO Y DINERO

> [El hombre] Es un suspiro que se pierde
>   entre las sombras.
> Ilusorias son las riquezas que amontona,
>   pues no sabe quién se quedará con ellas.
>
> **SALMO 39:6**

Si quieres descubrir lo que atesoras, mira tu agenda y tu chequera. Cómo te relacionas con el tiempo y el dinero dice mucho de tu relación con Dios. También dice mucho sobre cómo ves a los demás. Efesios 4:28 y 5:16 dicen cosas importantes sobre el dinero y el tiempo. Y, curiosamente, Pablo desliza estos comentarios en medio de enseñanzas sobre las relaciones. Lo hace porque la forma en que manejamos nuestro dinero y nuestro tiempo tiene un impacto significativo en nuestras relaciones.

Antes de examinar detenidamente estos versículos, debemos dar un paso atrás para tener una visión de conjunto. No se puede pensar en nada correctamente a menos que se vea como un todo. Y como Dios es el todo, tenemos que empezar por Él.

La gloria de Dios es lo más importante para él. Dios es celoso de su reputación de una manera que le es completamente propia y exclusiva. Quiere que su fama se extienda por todo el universo. Pretende establecer su reino perfecto y glorioso sobre todo lo que ha hecho, y envió a Jesús para traer este reino a la tierra. Pero si Dios se ha comprometido a traer su reino a la tierra, y es verdaderamente Dios, ¿por qué no puede hacerlo inmediatamente? Puede, pero si lo hiciera, toda la humanidad pecadora sería aniquilada. En lugar de eso, vació el cielo de su mayor tesoro para redimirnos y que pudiéramos tener un lugar en su reino cuando venga a establecerlo de una vez por todas. Padre, Hijo y Espíritu incluyeron bondadosamente a los seres humanos en el reino al ocuparse del pecado que nos separaba de Dios. Dios gastó su tesoro más preciado, su único Hijo Jesús, para redimirnos de nosotros mismos y de la tiranía del pecado. Esto demuestra el compromiso de Dios con su propia gloria, su intención de desplegar su gloria a través de su reino y su plan de convertirnos en una parte vital de ese despliegue. ¿Qué importancia tiene para ti la fama o la gloria de Dios? La respuesta a esta pregunta puede verse, en parte, en la forma en que inviertes tu tiempo y tu dinero. No es complicado, pero tampoco es fácil.

Dinero y personas

Como ya hemos dicho, Efesios 4:28 forma parte de un debate más amplio sobre las relaciones.

> Por lo tanto, dejando la mentira, hable cada uno a su prójimo con la verdad, porque todos somos miembros de un mismo cuerpo. «Si se enojan, no pequen». No permitan que el enojo les dure hasta la puesta del sol, ni den cabida al diablo. *El que robaba, que no robe más, sino que trabaje honradamente con las manos para tener qué compartir con los necesitados.*
>
> Eviten toda conversación obscena. Por el contrario, que sus palabras contribuyan a la necesaria edificación y sean de bendición para quienes escuchan. No agravien al Espíritu Santo de Dios, con el cual fueron sellados para el día de la redención. Abandonen toda amargura, ira y enojo, gritos

> y calumnias, y toda forma de malicia. Más bien, sean bondadosos y compasivos unos con otros, y perdónense mutuamente, así como Dios los perdonó a ustedes en Cristo. (Efesios 4:25-32, énfasis del autor)

¿Por qué Pablo inserta un comentario sobre dar en una discusión sobre las relaciones? El pasaje habla de ser «miembros de un solo cuerpo» en el versículo 25, y sigue con aplicaciones prácticas que tienen nuestras relaciones a la vista.

Pablo está planteando la pregunta: «¿Cómo puedes saber si amas a la gente?». Otra forma de pensar en el versículo 28 es preguntarse: «¿Cuándo deja de ser ladrón un ladrón?». ¿Cuándo deja de robar? ¿Es cuando deja de robar y consigue un trabajo? Un ladrón deja de serlo cuando deja de robar, consigue un trabajo y empieza a dar a los demás. Esta es solo otra forma de desentrañar el octavo mandamiento: «No robarás». Hay un lado negativo y un lado positivo del mandamiento: dejar de hacer algo y empezar a hacer otra cosa. Es el «dejar» y «ponerse» del que tanto habla Pablo en sus epístolas. Pablo dice que no hemos empezado realmente a amar a los demás con nuestro dinero hasta que empezamos a darlo para ayudarles. Es bueno dejar de robar. Es bueno conseguir un trabajo. Pero no has dejado de ser un ladrón hasta que una parte de tu dinero se destina a ayudar a otras personas.

> **¿Hay algún indicio de que estás invirtiendo tu dinero en las cosas que Dios dice que son más importantes?**

Observa tu relación con el dinero. De lo que ves, ¿qué puedes concluir sobre tu relación con Dios? ¿Funciona como el Único que satisface todas tus necesidades? ¿Es Él en quien confías para tener seguridad? ¿Qué dicen tus inversiones sobre lo que piensas de ti mismo y de los demás? Una buena planificación financiera puede ser una forma inteligente de cuidar de los demás en el futuro. Pero ¿en qué estás invirtiendo ahora mismo, además de en tu cartera? ¿Hay algún indicio de que estás invirtiendo tu dinero en las cosas que Dios dice que son más importantes? ¿O sólo estás construyendo graneros más grandes y mejores que solo sirven para tus propósitos?

Aumento de la riqueza, disminución de generosidad

Sitúa estas cuestiones en el contexto social e histórico en el que vivimos muchos de nosotros. El estadounidense promedio gana hoy cuatro veces lo que ganaba el estadounidense promedio en 1921, una vez ajustados los impuestos y la inflación. Los ingresos reales se han duplicado desde finales de los años cincuenta. El ciudadano promedio de clase media de hoy vive como el banquero rico de la generación de nuestros abuelos. Tenemos más ropa y casas más grandes, y cenamos fuera con regularidad. Es cierto que la mayoría de los estadounidenses son muy generosos en comparación con los ciudadanos de otras naciones. Pero según los criterios bíblicos, no somos nada generosos.

En los últimos veinte años, el setenta por ciento de los estadounidenses solo donó el uno o el dos por ciento de sus ingresos a causas benéficas. ¡El treinta por ciento no dona nada! Las personas que profesan ser cristianas no lo hacen mucho mejor, ya que solo donan entre el tres y el cuatro por ciento de sus ingresos anuales en promedio. Por porcentajes, los estadounidenses tienden a ser tacaños, aunque la cantidad total pueda hacernos parecer generosos.

Signos de generosidad

¿Cómo puedes saber si eres una persona generosa? La Biblia no nos deja adivinar cuando se trata de esta marca tan básica de madurez espiritual. Tanto el Antiguo como el Nuevo Testamento dicen que empiezas a ser una persona generosa cuando inviertes al menos el diez por ciento de tus ingresos en las cosas de Dios. Dado el corazón de Dios por los perdidos y los que sufren en este mundo, esto te llevará inevitablemente a dar también a las necesidades de los demás. Esto puede tomar muchas formas, pero dar a tu iglesia local a menudo te permite participar en muchos ministerios diversos a través de las personas, programas y causas que apoya.

El Antiguo Testamento estableció el diez por ciento del diezmo como el umbral de la ofrenda para el pueblo de Dios. En el Nuevo Testamento, Jesús no anula la llamada al diezmo. Por el contrario, nos llama a un estilo de vida radical en el que cuidemos de los demás con nuestro dinero. En Lucas 11:42 Jesús reprende a los fariseos cuando dice: «¡Ay de ustedes, fariseos!, que dan la décima parte de la menta, de la ruda y de toda clase de legumbres, pero descuidan la justicia y el amor de Dios. Debían haber practicado esto, sin dejar de hacer aquello». Nótese que Jesús dice que hemos de dar al menos la décima parte, ¡*así como* practicar la justicia con los desvalidos! Debido a la gracia radical que recibimos de Cristo, debemos ser radicalmente generosos con los demás. He aquí algunas maneras de examinar tu propia vida cuando se trata de dar. Segunda Epístola a los Corintios 8:1-15 es una maravillosa imagen de la generosidad evangélica.

> Ahora, amigos, quiero informarles sobre las maneras sorprendentes y generosas en que Dios está obrando en las iglesias de la provincia de Macedonia. Fieros problemas cayeron sobre la gente de esas iglesias, empujándolos hasta el límite. La prueba expuso sus verdaderos colores: Eran increíblemente felices, aunque desesperadamente pobres. La presión desencadenó algo totalmente inesperado: una efusión de dones puros y generosos. Estuve allí y lo vi con mis propios ojos. Daban ofrendas de todo lo que podían, ¡mucho más de lo que podían permitirse!, agradeciendo el privilegio de ayudar a socorrer a los cristianos pobres.
>
> Esto fue totalmente espontáneo, idea suya, y nos cogió completamente desprevenidos. Lo que lo explica es que primero se entregaron sin reservas a Dios y a nosotros. El resto de las donaciones surgieron simplemente de los propósitos de Dios en sus vidas. Por eso le pedimos a Tito que te

informara de la ofrenda de socorro, para que se terminara lo que estaba bien empezado. Lo hacen tan bien en tantas cosas —confían en Dios, son elocuentes, perspicaces, apasionados, nos aman— ahora, den lo mejor de ustedes en esto también.

No pretendo darles órdenes contra su voluntad. Pero al traer el entusiasmo de los macedonios como estímulo para su amor, espero sacar lo mejor de ustedes. Conocen la generosidad de nuestro Maestro, Jesucristo. Rico como era, lo dio todo por nosotros —de un solo golpe, él se hizo pobre y nosotros ricos.

Así que esto es lo que pienso: lo mejor que pueden hacer ahora mismo es terminar lo que empezaron el año pasado y no dejar que esas buenas intenciones se estanquen. Su corazón ha estado en el lugar correcto todo el tiempo. Tienen lo que hace falta para acabarlo, así que ve a por ello. Una vez que el compromiso esté claro, hagan lo que puedan, no lo que no puedan. El corazón regula las manos. Esto no es para que los demás se lo tomen con calma mientras ustedes sudan la gota gorda. No, estás hombro con hombro con ellos todo el camino, tu excedente iguala su déficit, su excedente iguala tu déficit. Al final salís empatados. Como está escrito: «Nada le sobra al que más tiene. Nada le falta al que menos tiene».[1]

Pablo hace dos comparaciones que proporcionan ejemplos claros de cómo ver nuestro dar.

Primera comparación: la generosidad de los macedonios

Este pasaje es un ejemplo de la verdadera generosidad del reino. Mira a los macedonios y compara su relación con el dinero con la tuya.

[1] Eugene Peterson, *The Message* (Colorado Springs, CO: NavPress, 1993), 2 Corintios 8:1-15.

Su generosidad fomentó la unidad

Los macedonios eran gentiles, y debían su nueva vida espiritual a los cristianos judíos. Sus ofrendas así lo reflejaban. En Romanos 15:25- 27 Pablo dice:

> Pero antes voy a Jerusalén a entregar una ofrenda de ayuda a los cristianos. Los griegos —desde los macedonios del norte hasta los aquenios del sur— decidieron hacer una colecta para los pobres de los creyentes de Jerusalén. Estaban contentos de hacerlo, pero también era su deber. Dado que recibían todos los dones espirituales que brotaban generosamente de la comunidad de Jerusalén, era justo que hicieran lo posible por aliviar su pobreza.[2]

Aquí tenemos una expresión tangible de unidad entre cristianos judíos y gentiles. Esto es notable, dada la profunda brecha que existía entre judíos y gentiles, incluso en los primeros días de la iglesia del primer siglo. Nuestra experiencia de la gracia reconciliadora se expresa cada vez que unimos nuestros recursos para el reino de Dios.

Su generosidad era una obra sobrenatural del Espíritu

Volviendo a 2 Corintios 8, en el versículo 1 Pablo dice que sus ofrendas eran una señal de la obra de Dios en ellos. Este tipo de dar no sucede naturalmente. Su adoración unificada al Dios viviente produjo donaciones sorprendentes e incluso desproporcionadas.

Su generosidad fue sorprendente

Los macedonios dieron al contrario de lo que da el mundo. No daban por abundancia, sino a pesar de su propia necesidad. En medio de su propia pobreza y persecución, mostraron generosidad y alegría. Es un contraste asombroso. Una persona normal da cuando tiene lo suficiente para mantener el estilo de vida que ha

[2] *Ibid.*, Romanos 15:25-27.

elegido. Los macedonios dieron en el contexto de su falta de recursos. Las estadísticas muestran que los que ganan diez mil dólares o menos suelen donar el 5,5 % de sus ingresos, mientras que los que ganan cien mil dólares o más solo donan el 2,9 %. La generosidad no se ve obstaculizada por la falta de recursos, ni es prerrogativa exclusiva de los ricos.

> **La generosidad no se ve obstaculizada por la falta de recursos, ni es prerrogativa exclusiva de los ricos.**

Su generosidad era sacrificada

En el versículo 3 de 2 Corintios 8 dice que dieron «mucho más de lo que podían». Aquí vemos a los macedonios haciendo una situación difícil aún más difícil para ellos mismos al dar más. La mayoría de nosotros en esta situación limitaríamos nuestras ofrendas. Pero los macedonios no. John Piper desafía nuestras nociones de riqueza y seguridad en la siguiente declaración:

> La cuestión es: un salario de setenta mil dólares no tiene por qué ir acompañado de un estilo de vida de setenta mil dólares. Dios nos llama a ser conductos de su gracia, no callejones sin salida. Nuestro gran peligro hoy es pensar que el conducto debe estar forrado de oro. No es así. El cobre es suficiente. Por muy agradecidos que estemos, el oro no hará que el mundo piense que nuestro Dios es bueno; hará que la gente piense que nuestro Dios es de oro. Eso no hace honor a la supremacía de su valor.[3]

Tuve un amigo que fue auditado por Hacienda porque pensaron que había algo inusual en la cantidad que declaró haber regalado un año. ¿Cuántos de nosotros hacemos levantar las cejas a Hacienda cuando miran lo que regalamos?

[3] John Piper, *Let the Nations be Glad: The Supremacy of God in Missions* (Grand Rapids: Baker Book House, 1993), 16.

Su generosidad era espontánea

Los versículos 4-5 nos dicen que estaban «suplicando el privilegio de ayudar en el socorro de los cristianos pobres. Esto fue totalmente espontáneo, idea suya, y nos cogió completamente desprevenidos». ¿Puedes creerlo? He aquí una congregación gentil sumida en la pobreza, suplicando por la oportunidad de dar a sus hermanos judíos heridos. Fíjense quién está suplicando aquí: ¡no es Pablo! Pablo no tiene que coaccionarlos ni culpar sus conciencias. ¿Suplicas para dar tus recursos? ¿Trabajas apasionadamente para encontrar maneras de bendecir a los demás? Este es un signo de verdadera generosidad.

> **«¿Trabajas apasionadamente para encontrar maneras de bendecir a los demás? Este es un signo de verdadera generosidad.»**

Su generosidad era un acto de sumisión

¿Se sometían a Pablo, el gran apóstol, o a su ministerio visionario? Ni lo uno ni lo otro; primero se sometían a Dios, luego a sus hermanos y hermanas en Cristo de Jerusalén. El versículo 5 lo deja claro: su entrega estaba ligada a su relación con Dios y a su solidaridad con su familia espiritual.

Su generosidad eran un barómetro espiritual

En el versículo 12 Pablo dice: «El corazón regula las manos» (MSG). En otras palabras, su comportamiento era una indicación de lo que estaba pasando en sus almas. Sus ofrendas eran prueba de cuánto la gracia de Cristo estaba obrando en ellos. ¿Qué dice tu chequera sobre la gracia de Cristo en tu vida? ¿Hasta qué punto está siendo transformado tu corazón para que se exprese en este tipo de generosidad?

Segunda comparación: La generosidad de Jesús

Pablo relaciona la generosidad radical de los macedonios con el rico don que han recibido en Cristo. Su generosidad es solo un tenue reflejo de la generosidad de Jesús. Pablo les recuerda esto cuando dice: «Ustedes conocen la generosidad de nuestro Maestro, Jesucristo. Rico como era, lo dio todo por nosotros: de un golpe se hizo pobre y nosotros ricos» (v. 9). La motivación que les impulsaba no era un código moral ni la pauta del diezmo. Era el deseo de mostrar su gratitud por los inmensos tesoros que eran suyos gracias a la voluntad de Jesús de darles todo lo que tenía.

Piensa en quién eras antes de ser cristiano. Eras pobre, ajeno a Dios, objeto de su ira, esclavo del pecado y condenado a la muerte eterna. Pero en Cristo, estás reconciliado con Dios, eres objeto de su afecto, receptor de su obra purificadora en la cruz, templo del Espíritu Santo, ¡e inmensamente rico! Poner tu confianza en esta realidad es lo que te hará generoso. Porque eres el destinatario de las riquezas de Dios en Cristo, estás dispuesto a compartir con los demás, no solo con tu abundancia, sino incluso cuando tienes que sacrificarte.

Observa tu relación con el dinero. ¿Qué te dice sobre tu relación con Dios? ¿Qué revela acerca de lo que consideras más importante? ¿En qué medida te domina tu «reino» personal de placer, comodidad, seguridad y estatus? ¿Hasta qué punto es el reino de Dios el que dirige tu vida? Nuestro dinero es una parte intensamente personal de nuestras vidas, y solo una relación intensamente personal con el Redentor puede aflojar nuestro apego sobre otras cosas.

Tiempo y personas

Aparte de dormir, ¿a qué dedicas la mayor parte de tu tiempo? Al igual que el dinero, el tiempo es una ventana abierta a tu alma. Revela hasta qué punto estás siendo transformado por la gracia de Cristo. El tiempo es un recurso que todos tenemos en igual cantidad. ¿Qué dice tu uso del tiempo sobre tu actitud hacia Dios y hacia los demás? En Efesios 5:15-21, Pablo dice:

> Así que tengan cuidado de su manera de vivir. No vivan como necios, sino como sabios, aprovechando al máximo

> cada momento oportuno, porque los días son malos. Por tanto, no sean insensatos, sino entiendan cuál es la voluntad del Señor. No se emborrachen con vino, que lleva al desenfreno. Al contrario, sean llenos del Espíritu. Anímense unos a otros con salmos, himnos y canciones espirituales. Canten y alaben al Señor con el corazón, dando siempre gracias a Dios el Padre por todo, en el nombre de nuestro Señor Jesucristo. Sométanse unos a otros, por reverencia a Cristo.

Al igual que sus comentarios sobre el dinero en Efesios 4:28, Pablo conecta sus dichos sobre el tiempo con nuestras relaciones con otros cristianos y con el mundo. Dice: «Aprovechando al máximo cada momento oportuno, porque los días son malos» (v. 16). La traducción King James dice: «Redimiendo el tiempo, porque los días son malos». ¿Qué significa esto?

El llamamiento a «redimir el tiempo» es similar a *carpe diem*, la frase latina para «aprovechar el día". Una traducción más literal de «redimir el tiempo» sería «comprar el tiempo». La palabra griega para «tiempo» utilizada aquí no es *chronos*, que se refiere al paso del tiempo en horas, meses y años. En su lugar, se utiliza *kairos*, que la Biblia utiliza para referirse al tiempo entre la primera y la segunda venida de Jesús. Este es un tiempo de oportunidades únicas para que mostremos la gracia de Cristo a los demás. Un día este tiempo llegará a su fin cuando Cristo regrese en poder y gloria. Por lo tanto, una interpretación muy poco práctica, pero apropiada de este versículo sería: «A medida que avanzas en tu vida en este "tiempo intermedio", aprovéchalo al máximo para mostrar la gracia de Cristo a los demás». A la luz de esta nueva información, ¿cómo entendemos lo que nos pide este versículo?

No es una llamado a una actividad frenética

Este pasaje no está fomentando una actividad imprudente que sobrecargue tu agenda con eventos y obligaciones eclesiales. Tampoco te pide que conviertas momentos normales de relación en encuentros anormales de testimonio. De hecho, este comportamiento puede impedir vivir sabiamente. Usar tu tiempo sabiamente puede incluir oportunidades formales de ministerio como un viaje misionero, enseñar en una clase de escuela dominical, o trabajar en la guardería; pero el llamado aquí no es tanto sobre actividades específicas sino sobre un estilo de vida comprometido con los propósitos de Dios, abarcando todos los detalles de la vida diaria.

Significa que ves tu vida a la luz de tus diferentes llamados

Este pasaje está diciendo: «Aprovecha al máximo cada área en la que Dios te ha colocado». ¿Eres soltero, casado, jubilado, padre, hijo, amigo, empleador, empleado, estudiante o abuelo? Todos estos son llamados y estaciones de la vida, y debes verlos como oportunidades para mostrar la gracia de Cristo. Nuestra tendencia es vivir con una mentalidad de «ahora que pase». Nos decimos a nosotros mismos: «Ahora que pase todo este trabajo, entonces estaré bien». Este es un entendimiento impío de tus responsabilidades y oportunidades actuales. Tengo una tendencia a hacer esto con la crianza de los hijos: *Si tan solo puedo pasar la fase de los pañales…* Y una vez que mis hijos dejaron de usar pañales, se convirtió en: *Si consigo pasar los primeros años de la escuela primaria, podré atender a los demás.* Pero si no tengo cuidado, voy a desperdiciar mi vida y perder muchas oportunidades de amar y servir a mis hijos. Estas son oportunidades perdidas para morir al yo y crecer en la gracia. Dios quiere que veamos las luchas diarias de la vida como momentos críticos de oportunidad redentora, en lugar de obstáculos.

> **«Dios quiere que veamos las luchas diarias de la vida como momentos críticos de oportunidad redentora, en lugar de obstáculos.»**

Significa que debes aprovechar los pequeños momentos de la vida

¿Sabías que el noventa y cinco por ciento de tu vida transcurre en lo mundano? Por ejemplo, supongamos que un marido y su mujer están enfadados. ¿Se volverán el uno hacia el otro o seguirán enfadados? Este es un momento redentor gigantesco, ¡enorme! Piensa en cuántos de estos momentos te pierdes cada día. Imagina que esta pareja se pierde miles de ellos a lo largo de su matrimonio. ¿Dónde estará su matrimonio dentro de veinte años? Imagina que, en lugar de eso, aprovecharan esos momentos. ¿Puedes ver la diferencia que esto supondría?

Debes ver el contexto en el que ocurren estas cosas

Pablo dice: «Porque los días son malos». Vives en una zona de guerra. Te levantas de la cama cada mañana y hay una batalla que se libra por tu alma, tu vida, tus amistades y tu matrimonio. No puedes permitirte desperdiciar estos momentos. La guerra se gana en las pequeñas escaramuzas que tienen lugar a lo largo de tu vida. «¡Despierta!» —dice Pablo— «estás en guerra».

Dinero, tiempo y personas

¿Ves cómo el dinero y el tiempo revelan tu corazón en relación con Dios y con los demás? La forma en que utilizas el tiempo y el dinero en tus relaciones humanas dice mucho de tu relación con Dios. Porque Dios está empeñado en glorificarse a sí mismo, envió a su Hijo para redimir a su creación. Y lo primero en la lista de lo que quiere redimir son las personas. Nos provee sus recursos para que participemos en la obra de su reino y habitemos con él para siempre cuando la complete.

¿Están tus prioridades en consonancia con las de Dios? ¿Inviertes en las cosas que Él hace? ¿Compartes con los demás las bendiciones que Dios te da, o las acaparas todas para ti? Estamos llamados a amar a Dios y a utilizar sus bendiciones para amar a los demás. Pero, lamentablemente, a menudo utilizamos a otras personas para conseguir las cosas que amamos.

Cuando me casé, hice lo que hacen todos los novios. Repetí los votos a mi esposa que decían que la amaría de manera sacrificada todos los días de mi vida. ¿A quién quería engañar? Miro hacia atrás y veo lo poco que entendí lo que prometí. Lo que realmente pensaba, en gran medida, era: *¡Esto es genial! ¡Yo me quiero y ahora tú me vas a querer!* Mi amor era muy superficial. Me bastaron unos pocos días de matrimonio para darme cuenta. Dios tenía planes de usar a mi esposa y a mis hijos para mostrarme cuán superficial era mi amor y para ayudarme a profundizarlo a medida que veía cuánto necesitaba crecer. Ver esto me hizo depender aún más de Dios y de su gracia.

No hay día que pase en que no luche con la forma en que empleo mi tiempo y mi dinero con mi familia. Y son personas a las que digo que quiero. Lucho por no perder el tiempo cuando no quiero que me molesten. Me encuentro a mí mismo estremeciéndome cuando uno de mis hijos me pide unos dólares para salir con los amigos. Estos recordatorios diarios revelan un corazón que aún necesita una revisión a fondo. Lo único capaz de penetrar la dureza de mi corazón es la redención que el Padre, el Hijo y el Espíritu han realizado en mi favor. Para que mi corazón cambie, tiene que permanecer inmerso en esa gracia.

Piensa en un filete. Si quieres que esté tierno y sabroso, lo pondrás a marinar un rato antes de ponerlo en la parrilla. Si vamos a amar a los demás con nuestro tiempo y dinero, algo similar tiene que ocurrir con nuestros corazones. Nuestros corazones son duros y están llenos de cartílago. La manera de ablandarlos es dejar que se empapen de la gracia redentora de Dios en Cristo. Esta es la única cosa lo suficientemente poderosa como para aflojar nuestro control sobre el dinero y el tiempo y producir un cambio real. El evangelio me recuerda que todo lo que tengo viene de Dios. Romanos 8:32 dice: «El que no escatimó ni a su propio Hijo, sino que lo entregó por todos nosotros, ¿cómo no habrá de darnos generosamente, junto con él, todas las cosas?». Merece la pena reflexionar sobre esto. De hecho, es lo único que te permitirá vivir todo lo que hemos dicho hasta ahora.

CAPÍTULO 14

PROVISIÓN

¿Hasta cuándo he de estar angustiado y he de sufrir cada día en mi corazón?

SALMO 13:2

Brian y Kara llevaban ocho años casados. Se enfrentaban a una montaña de problemas. Ambos habían crecido en familias privilegiadas y habían recibido todo lo que la vida podía ofrecerles. Ambos padres tenían grandes expectativas para su futuro y les habían proporcionado todo lo que consideraban esencial para el éxito. Brian, Kara y sus hermanos habían estado esperando aprovechar todas estas oportunidades y utilizarlas para alcanzar la excelencia.

Brian y Kara respondieron a su educación de forma muy diferente. Nacido mucho más tarde que sus hermanos, Brian siempre vivió a su sombra. Su hermano era un destacado cirujano en un hospital universitario y su hermana, una abogada de alto nivel en un bufete importante. Brian se sentía como si todos los ojos estuvieran puestos en él, preguntándose cómo iba a igualar sus logros. En su tercer año de universidad, empezaron a aparecer las grietas. Tras varios semestres en los que sus notas en las clases de pregrado fueron casi insuficientes, decidió estudiar filosofía. Esto decepcionó profundamente a sus padres, quienes se lo hicieron saber.

También orquestaron llamadas de «preocupación» de su hermano y su hermana para reforzar el mensaje. Entonces, la lucha de Brian contra la depresión comenzó.

Kara, en cambio, era la mayor de cuatro hermanos. Recibió el aliento de sus padres y nunca sufrió las comparaciones que sufrió Brian. Esos años de estímulo le dieron la confianza necesaria para creer que podía hacer casi cualquier cosa. Terminó la carrera con matrícula de honor y se licenció en leyes como la mejor de su promoción.

Cuando Brian y Kara se conocieron, parecían ser la pareja perfecta. Kara se sintió atraída por la personalidad pensativa y sensible de Brian. Él era su refugio de las presiones del rendimiento. Brian se sentía atraído por Kara porque se parecía a su familia en muchos aspectos; sabía que sus padres lo aprobarían. Sus experiencias comunes en la infancia les facilitaban la comunicación. De hecho, era tan fácil que les impedía ver que eran dos personas muy diferentes.

La sensibilidad de Brian y los logros de Kara funcionaron al principio como nexo en su relación; pero más tarde se convertirían en la línea divisoria, en el centro de sus problemas. Kara no se dio cuenta hasta después de casarse de que Brian había abandonado el sueño de superación que ella acariciaba. No sabía que su relación pondría en tela de juicio todo lo que era importante para ella desde el punto de vista profesional, material, social y personal. Brian no sabía que Kara esperaría de él lo mismo que sus padres. A medida que su matrimonio avanzaba, se desarrolló una dinámica poco saludable. Brian se hundió en la depresión al darse cuenta de que no estaba a la altura de las expectativas de Kara. Kara respondía a la apatía y depresión de Brian presionándolo incesantemente para que hiciera algo y quejándose cuando no conseguía realizar ni siquiera las tareas más insignificantes de la casa. Sin embargo, cuanto más intentaba Kara controlar a Brian, más se retraía. Era una espiral viciosa que los estaba hundiendo a los dos.

Las consecuencias eran evidentes a muchos niveles. Brian empezaba su sexto trabajo como profesor de filosofía a tiempo parcial en la universidad local. Kara había creado un negocio en Internet que le permitía quedarse en casa con sus dos hijos. Los ingresos de estos trabajos no se acercaban a los lujosos estilos de vida que habían conocido antes. Se avergonzaban de su apartamento; no invitaban a sus familias a casa porque solo les recordaba su fracaso. Como Brian tendía a evitar los conflictos y Kara a enfrentarse a ellos, sus conversaciones se ponían feas rápidamente, incluso en asuntos sin importancia. No se ponían de acuerdo en las decisiones de crianza, por lo que la relación con sus hijos se resentía. Sus amistades en la iglesia local también se resentían. Aunque intentaban mantener una apariencia positiva, la tensión entre ellos hacía cada vez más incómodo para los demás estar cerca de ellos. Finalmente, en un acto de desesperación, Kara pidió ayuda. Brian se había sumido en una depresión cada vez más profunda y ella estaba al límite de sus fuerzas. Llamó a una mujer que había compartido sus propias luchas en la iglesia. Kara pensó que podría entender por lo que estaba pasando.

La vida según Kara

La «realidad» que veas será la realidad en la que vivas. Así le ocurrió a Kara. Mientras su amiga de la iglesia escuchaba la letanía de problemas y decepciones de Kara, supo que no había una solución rápida. Una gran parte de la lucha de Kara era el hecho de que todo lo que veía eran problemas. Nada en su mundo parecía ir bien. Se sentía aislada y sola, sin nadie que la comprendiera. Estar rodeada de otras personas que parecían tenerlo todo controlado solo alimentaba esta falsa suposición.

Otra visión del mundo de Kara

Mientras la amiga de Kara escuchaba, se sintió conmovida por su sufrimiento. Podía recordar haber estado en una situación similar varios años antes. No era difícil empatizar con ella y, sabiamente, no minimizó los problemas de la vida de Kara. Sin embargo, al mirar en el mundo de Kara, vio cosas que Kara no podía ver.

Dondequiera que mirara, veía la evidencia de la gracia redentora de Dios en obra. Vio el amor de Kara por su marido y sus hijos. Aunque sus finanzas eran escasas, vio la evidente provisión de Dios. Donde Kara solo veía fracaso, su amiga vio la capacidad de Dios de usar las luchas para llevar a esta pareja a un nuevo lugar en sus vidas y en su matrimonio. Vio una iglesia dispuesta a ofrecer apoyo y ayuda. Por lo que dijo Kara, parecía claro que Brian también estaba dispuesto a pedir ayuda.

El signo más evidente de la presencia de Dios era el menos evidente para Kara: la conversación que estaba teniendo en ese momento. El mero hecho de que Kara, tan segura de sí misma, admitiera que necesitaba ayuda era una maravillosa señal de la gracia de Dios en su vida. Pero debido a lo que no veía, Kara estaba atascada. Sentía pánico y desesperación porque Dios era la última persona en la que pensaba. A Kara le faltaba esperanza y ánimo porque su perspectiva carecía del Dios que ya estaba actuando en su nombre y en el de Brian y su familia.

Explicación: ¿es suficiente?

Cuando nos encontramos en medio de circunstancias difíciles, nuestra tendencia es buscar una explicación que haga tres cosas:

Ayudarnos a entender lo que ocurre

Queremos entender nuestra lucha. Kara quiere saber por qué Brian actúa como lo hace. Quiere saber por qué siente por él lo que siente. ¿Cómo pasó Brian de ser alguien tan atractivo a alguien tan desagradable? Son todas muy buenas preguntas.

Indicarnos hacia dónde deberíamos ir

Cuando las cosas son difíciles, llega un momento en que renunciamos a grandes propósitos y nos conformamos con sobrevivir. Dejamos de preguntarnos: «¿Qué puede ser?», y en su lugar nos preguntamos: «¿Lo conseguiré?». Kara quiere unos objetivos que le den propósito y motivación. Estos también son buenos deseos.

Decirnos cómo llegar

Después de ver lo que está pasando y dónde tenemos que estar, queremos habilidades prácticas y un plan de acción para llegar allí. Kara quiere saber cómo progresar en su dificultad. Estas cosas buenas tampoco deben minimizarse.

Sin embargo, a pesar de estos elementos positivos, las explicaciones por sí solas no harán sino con el tiempo aumentar la desesperación de Kara. Puede que haya cierto ánimo inicial, pero no durará. Esto se debe a que las explicaciones por sí solas convencerán a Kara de que los problemas son más profundos de lo que pensaba, los objetivos más lejanos y sus habilidades prácticas inadecuadas para la dificultad. Kara y Brian no necesitan algo menos que una explicación: necesitan algo *más.*

Imaginación: el resto de la historia

La comprensión que Kara tiene de su situación está distorsionada por lo que no ve. Digamos que alguien tiene una deuda de diez mil dólares, pero no sabe que va a recibir una herencia de cien mil dólares. ¿No afectará eso a la forma en que la persona ve la deuda? Kara y Brian ven sus problemas de diez mil dólares, pero no ven la provisión de mil millones de dólares que Dios ha puesto a su disposición. Lo que les falta no es explicación, sino *imaginación.*

Imaginación no es la capacidad de soñar cosas que no son reales; es la habilidad de ver lo que es real, pero que a menudo no se ve. Como dice Eugene Peterson en *Subversive Spirituality*: Para un cristiano cuya esperanza está en un Dios invisible, ver lo invisible es esencial.[1] Hebreos 11 llama a esto fe. Dejemos que Peterson estimule nuestros pensamientos en la forma en que describe la fe en términos de imaginación.

> Cuando miro un árbol, mucho de lo que «veo», no lo veo del todo. Veo un sistema de raíces bajo la superficie, enviando zarcillos a través del suelo que succionan los nutrientes

[1] Eugene Peterson, *Subversive Spirituality* (Grand Rapids: Eerdmans, 1997), 160.

> de la marga. Veo la luz vertiendo energía en las hojas. Veo el fruto que aparecerá en unos meses. Miro fijamente una y otra vez y veo las ramas desnudas austeras ante la nieve y el viento del próximo invierno. Veo todo eso; de verdad. No me lo estoy inventando. Pero no podría fotografiarlo. Lo veo por medio de la imaginación. Si mi imaginación está atrofiada o inactiva, solo veré lo que puedo utilizar, o algo que me estorba.[2]

Lo que dice Peterson es profundo, pero no nuevo. Describe algo que hacemos constantemente. Cuando los padres ayudan a sus hijos con los deberes, se imaginan sus futuros años de instituto y universidad. Cuando una pareja se sienta a hablar de finanzas, prevén su futura jubilación. Los padres que ahorran para unas vacaciones especiales animan a sus hijos a imaginar cómo serán; así se quitan la espina de los sacrificios necesarios para permitírselas. Cuando los niños se quejan, los padres les recuerdan los momentos de diversión que les esperan. Los niños aprenden a vivir con las dificultades porque están aprendiendo a ver lo que no se ve.

La imaginación nos da un sentido más profundo de dos realidades invisibles: (1) nuestra identidad, las realidades invisibles de lo que Dios dice que somos; y (2) los recursos de Dios, las realidades invisibles de su presencia con nosotros y su provisión para nosotros.

La identidad: ¿quién soy?

Imagina que estás en una galería de arte cuyas paredes están cubiertas de cuadros preciosos. El único problema es que las luces están apagadas y no puedes verlos. Imagina que suena una música maravillosa, pero tienes los oídos taponados con algodón. Imagina que estás comiendo una comida exquisita, pero un resfriado hace que los sabores pasen desapercibidos por tu lengua. Esto es lo que le ocurre a Kara espiritualmente. No puede ver ni experimentar las

[2] *Ibid.*, 161.

cosas que son verdaderas porque carece de vista, oído y gusto espirituales. Su perspectiva está dominada por lo que está mal en su vida y relaciones. Esas son las realidades por las que vive. La imaginación, o la fe, no significa que Kara deba negar sus circunstancias actuales; significa, sin embargo, que debe verlas en el contexto de la imagen completa, que incluye quién es ella en Cristo.

> **A menudo pasamos por alto las cosas invisibles que nos caracterizan como hijos de Dios.**

A menudo pasamos por alto las cosas invisibles que nos caracterizan como hijos de Dios. Pero la Biblia dice que dos cosas fundamentales caracterizan a los que están en Cristo. En primer lugar, se ha producido un cambio radical en el núcleo de nuestro ser. La Biblia dice que nuestros corazones de piedra han sido reemplazados por corazones de carne. Ezequiel 36:26 dice: «Les daré un nuevo corazón, y les infundiré un espíritu nuevo; les quitaré ese corazón de piedra que ahora tienen, y les pondré un corazón de carne». Pablo se refiere a lo mismo cuando dice que somos una nueva creación en Cristo (2 Corintios 5:17). Esta maravillosa realidad no significa que nos hayamos vuelto perfectos, sino que nuestros corazones son maleables, sensibles y vivos para Dios.

Para Kara y Brian, esta asombrosa verdad significa que no están estancados, aunque es obvio que están luchando en su matrimonio. Pero necesitan imaginación (es decir, fe) para ver su verdadero potencial de cambio. A menudo nos estancamos cuando nos enfrentamos repetidamente a problemas, fracasos, debilidades, decepciones y pecados. Nuestro historial tiende a convencernos de que el cambio es imposible. La imaginación no niega el historial, sino que lo sitúa en el contexto de lo que somos en Cristo. Nos recuerda que el Espíritu de Dios actúa en nosotros y que somos «partícipes de *la* naturaleza divina» (2 Pedro 1:4, LBLA). Así, Brian y Kara han sido dotados por Dios con el potencial para el cambio.

La Biblia también despierta nuestra imaginación al explicar nuestra conexión con Dios como hijos suyos. Nuestra nueva posición es legal, pero también personal y práctica. Tanto el matrimonio como la adopción implican uniones legales, pero destinadas a crear relaciones que son mucho más que contratos legales. Imaginemos una pareja casada que solo se relacionara a nivel legal, sin amor. Su matrimonio no sería diferente de una sociedad mercantil. ¿Y si los padres adoptivos solo se relacionaran con su nuevo hijo en términos de sus obligaciones legales de alimentarlo, vestirlo y educarlo? Nunca pronunciarían las palabras «te quiero». Esto sería horroroso porque el nuevo estatuto jurídico pretende ser el contexto en el que florece una relación más profunda y plena. Las relaciones conyugales y paterno-filiales no son menos que legales; ¡son mucho más!

De la misma manera, nuestra reconciliación con Dios nos da una relación con él que debería alterar nuestra manera de responder a todo. Dios es ahora mi Padre y yo soy su hijo. Me mira con buenos ojos. Soy objeto de su atención y afecto. Tengo acceso a sus cuidados. Me bendice con sus recursos. Me ofrece su perdón y su limpieza cuando lucho contra el pecado. Promete no dejarme ni abandonarme nunca. Se compromete a terminar la obra de cambio que ha comenzado en mí.

Brian y Kara asisten a una buena iglesia donde se les ha enseñado su nueva situación legal con Dios, pero su comprensión personal ha seguido siendo teórica. Nunca han aprendido a relacionarlo con su experiencia cotidiana, así que, aunque suena bien el domingo por la mañana, no tiene ninguna relevancia el martes por la noche, cuando están en medio de una pelea. No tienen ni idea en qué consiste realmente su nueva relación con Cristo. Nunca reconocen la presencia personal de Jesús junto a Brian y Kara en medio del conflicto. No se paran a pedirle ayuda porque no piensan en Él como persona. Piensan en Él más bien como un abogado que ha conseguido que no vayan a la cárcel. Ahora que ya han pasado ese peligro, no siguen relacionándose con él.

¿Qué implicaciones tienen estas cosas para Brian, Kara y para nosotros? Significa que cada uno de nosotros puede tener esperanza cuando se levanta de la cama por la mañana; sabemos que el Señor del cielo y de la tierra es realmente nuestro Padre. Esto es lo que significa vivir por fe. La imaginación nos lleva a la cima de la montaña de la gracia de Dios para que podamos ver nuestras luchas y desafíos desde la atalaya de su implacable amor por nosotros.

Imagina a Kara conectando con Cristo personalmente cada mañana y hablándole así: «Jesús, gracias por estar conmigo ahora mismo y en todo este día. Gracias a ti, nunca estoy solo. Gracias a ti, no tengo que controlar el universo, ni siquiera a Brian. Por favor, dame tu fuerza para confiarte a Brian; ayúdame a amarlo de forma que nos ayude a los dos a verte y a amarte a ti y el uno al otro». Imagina a Brian pronunciando palabras como: «Padre, sé que he buscado en cosas como el estatus y el éxito una sensación de bienestar. Me he deprimido cuando no he podido alcanzarlos. He minimizado tu inmenso amor por mí en Cristo. Por eso, merezco tu condena. Pero gracias a lo que Cristo ha hecho por mí, soy aceptado por ti; no sólo tolerado, sino maravillosamente abrazado por ti. Mientras doy cada paso hoy, ayúdame a saber que tú estás conmigo y para mí. Aunque pueda luchar contra la depresión, soy ante todo tu hijo amado. Deja que estas verdades y tu presencia personal me den valor para avanzar en mi vida y en mi relación con Kara». En estas pequeñas viñetas, Brian y Kara ponen la fe en acción. Están en comunión con el Dios invisible porque su imaginación les permite ver la realidad. Cuando la amiga de Kara los orientó hacia las personas de la iglesia que podían ayudarlos, esto es lo que Kara y Brian comenzaron a aprender sobre cómo hacerlo.

Presencia y provisión de Dios

¿Qué más necesitan Brian y Kara para ver con los ojos de la imaginación de la fe? Cuando las luchas persisten y la vida no cambia de la noche a la mañana, es fácil que se instalen la confusión y la impotencia. Estas cosas nublan la imaginación. Te llevan a pensar que las luchas de tu vida son únicas, que nadie te entiende y que estás solo. Esforzarse más solo parece agravar el problema. Haces todo lo posible por resolverlo, pero sigues sin encontrar respuestas.

Cuando estás en este lugar de necesidad y desánimo, quieres respuestas y estrategias, pero Dios nos da algo mejor. La provisión de Dios simplemente no puede reducirse a respuestas y estrategias porque su provisión está ligada a su presencia. Dios sabe que nuestra necesidad es mucho más grande y profunda de lo que pensamos que la satisfará. Así que no solo nos da consejos prácticos, sino que nos da a sí mismo. *Él* es nuestra sabiduría. *Él* es nuestra fuerza. *Él* es nuestro perdón. *Él* es nuestro Padre. Como dijo Moisés en Éxodo 33:15: «Si tu presencia no va *con nosotros*, no nos hagas partir de aquí» (LBLA). Moisés sabía que si Dios no está cerca, todas las estrategias y técnicas del mundo no servirán de nada contra las adversidades abrumadoras. Jesús lleva esta realidad de la presencia y la provisión un paso más allá en Juan 14. Dice que no se limitará a estar sólo *cerca* o *con* nosotros, sino *en* nosotros.

> Si ustedes me aman, obedecerán mis mandamientos. Y yo le pediré al Padre, y él les dará otro Consolador para que los acompañe siempre: el Espíritu de verdad, a quien el mundo no puede aceptar porque no lo ve ni lo conoce. Pero ustedes sí lo conocen, porque vive con ustedes y estará en ustedes. No los voy a dejar huérfanos; volveré a ustedes. Dentro de poco el mundo ya no me verá más, pero ustedes sí me verán. Y porque yo vivo, también ustedes vivirán. En aquel día ustedes se darán cuenta de que yo estoy en mi Padre, y ustedes en mí, y yo en ustedes. (Juan 14:15-20)

Jesús describe su presencia en términos de una relación familiar cuando dice que no nos dejará huérfanos. Brian y Kara necesitan afrontar sus luchas sabiendo que Dios, la fuente última de todo lo que necesitan, vive dentro de ellos. En medio de sus dificultades, Brian y Kara no tienen que desesperarse ni sentirse solos en sus luchas; Dios está presente. No tienen que recurrir a pronunciar palabras hirientes; pueden pronunciar palabras que sanen. No tienen que sucumbir a la decepción, la amargura y la venganza; pueden elegir ser pacientes, amables, indulgentes y compasivos. Pueden animar en lugar de condenar. Pueden soportar las cargas de los demás y servirse mutuamente con alegría. Las promesas de un nuevo poder no tienen por qué verse con ojos hastiados; pueden recibirse de un modo que fomente una esperanza y una obediencia nuevas y sinceras, aunque las cosas no mejoren de inmediato. ¿Por qué? Porque su imaginación ahora no ve simplemente un matrimonio restaurado, sino una relación personal más profunda, momento a momento, con Dios. En última instancia, esta es la razón por la que Brian y Kara han sido creados y redimidos.

Es mucho lo que está en juego: la realidad que abarca nuestra imaginación es la realidad en la que viviremos. Si no nos cautiva la verdad de vivir en una relación profundamente personal con Dios, encogeremos nuestras expectativas y sueños hasta reducirlos al tamaño de nuestros propios deseos, anhelos y estrategias egoístas. Esto es lo que les ha sucedido a Brian y Kara, y a menudo nos sucede al resto de nosotros. Brian estaba siendo aplastado por la presión de alcanzar el éxito tal y como otros lo habían definido. Ahora estaba viendo que Dios lo estaba convirtiendo en algo mucho más glorioso: Dios lo estaba haciendo como Cristo. Kara había permitido que su visión de la vida se redujera al tamaño de controlar su pequeño rincón del universo. Pero ahora veía por primera vez que Dios ya tenía el control. Podía confiar en que Él cambiaría a Brian porque estaba empezando a confiar en que Él la cambiaría a ella.

¿Qué está haciendo Dios en mi vida?

Cuando no vemos nuestra identidad en Cristo o su presencia y provisión para nosotros, acabamos imaginando a un Dios demasiado ocupado para preocuparse por nosotros. La oración se convierte en poco más que una llamada al 911 espiritual. Para llamar la atención de Dios, «hacemos la llamada» para que Dios se despierte, vea nuestras necesidades, actúe en nuestro favor y nos rescate. Pero una vez que aparece y hace lo que creemos que debería hacer, suponemos que se retira para ocuparse de otros asuntos urgentes hasta que volvamos a llamar.

Esto contradice la realidad de quién es Dios y cómo actúa, pero es como Brian y Kara han tendido a verlo. Para ellos, era distante e inactivo. De hecho, Kara se había preguntado en voz alta por qué Dios no había hecho algo para ayudar a su matrimonio. Brian se preguntaba por qué Dios no levantaba su depresión. Su visión de la pasividad de Dios era un ingrediente principal de su desesperanza permanente. También lo era su enfoque en las circunstancias, que les impedía ver los problemas más profundos de su corazón relacionados con el éxito, el control y la aceptación, que necesitaban ser abordados por el poder del evangelio.

Una vez más, las Escrituras amplían nuestra imaginación ayudándonos a ver cosas que normalmente no vemos. Las Escrituras aumentan nuestra conciencia de un Dios cercano, dispuesto y capaz de salvar. En el Salmo 121, el salmista señala la presencia permanente de Dios y su incansable actividad en nuestro favor:

> A las montañas levanto mis ojos;
>   ¿de dónde ha de venir mi ayuda?
> Mi ayuda proviene del Señor,
>   creador del cielo y de la tierra.
> No permitirá que tu pie resbale;
>   jamás duerme el que te cuida.
> Jamás duerme ni se adormece
>   el que cuida de Israel.
> El Señor es quien te cuida,
>   el Señor es tu sombra protectora.
> De día el sol no te hará daño,
>   ni la luna de noche.
> El Señor te protegerá;
>   de todo mal protegerá tu vida.

El Señor te cuidará en el hogar y en el camino,
desde ahora y para siempre.

La misma imagen de Dios se ve en la vida y las palabras del apóstol Pablo. En medio de muchas luchas y presiones, Pablo dice en Romanos 8:28-39:

Ahora bien, sabemos que Dios dispone todas las cosas para el bien de quienes lo aman, los que han sido llamados de acuerdo con su propósito. Porque a los que Dios conoció de antemano, también los predestinó a ser transformados según la imagen de su Hijo, para que él sea el primogénito entre muchos hermanos. A los que predestinó, también los llamó; a los que llamó, también los justificó; y a los que justificó, también los glorificó.

¿Qué diremos frente a esto? Si Dios está de nuestra parte, ¿quién puede estar en contra nuestra? El que no escatimó ni a su propio Hijo, sino que lo entregó por todos nosotros, ¿cómo no habrá de darnos generosamente, junto con él, todas las cosas? ¿Quién acusará a los que Dios ha escogido? Dios es el que justifica. ¿Quién condenará? Cristo Jesús es el que murió, e incluso resucitó, y está a la derecha de Dios e intercede por nosotros. ¿Quién nos apartará del amor de Cristo? ¿La tribulación, o la angustia, la persecución, el hambre, la indigencia, el peligro, o la violencia? Así está escrito:

«Por tu causa siempre nos llevan a la muerte;
¡nos tratan como a ovejas para el matadero!».

Sin embargo, en todo esto somos más que vencedores por medio de aquel que nos amó. Pues estoy convencido de que ni la muerte ni la vida, ni los ángeles ni los demonios, ni lo presente ni lo por venir, ni los poderes, ni lo alto ni lo profundo, ni cosa alguna en toda la creación podrá apartarnos del amor que Dios nos ha manifestado en Cristo Jesús nuestro Señor.

¡Con qué radicalidad enfrentan estos versículos nuestra débil imaginación! Cuando tenemos problemas, tendemos a pensar que Dios no está por ninguna parte y que debemos arreglar las cosas nosotros mismos. Cuando nuestra visión de la realidad es así de pequeña, nuestros intentos de arreglar las cosas a menudo hacen que el problema sea más preocupante. Queremos arreglar las cosas equivocadas o arreglar las cosas correctas de manera equivocada.

La Biblia no solo nos dice que Dios trabaja continuamente, sino también cómo trabaja y en qué trabaja. Esto nos da esperanza y da a nuestro trabajo propósito y dirección. Cuando empezamos a trabajar con el mismo guion que Dios, funcionamos de manera verdaderamente redentora. Si Dios perdona, debemos trabajar para perdonar. Si está trabajando para hacer de alguien una persona mejor, debemos hacer lo que podamos para fomentar esos cambios. Si Dios está trabajando para hacer la paz, debemos ser pacificadores. Si Dios lleva diariamente nuestras cargas, queremos ayudar a llevar las cargas de los demás. Si Dios está trabajando para producir corazones de adoración en nosotros, debemos tratar de estimular la adoración en los demás. En resumen, estamos llamados a ayudarnos unos a otros a ver la realidad invisible de nuestro Dios activo, presente y personal. La obra de Dios está impulsada por una agenda mucho más grande que simplemente mejorar nuestras vidas. Quiere rehacernos a su semejanza. Y esa semejanza puede verse en Jesús.

Se podrían ofrecer muchas explicaciones a Brian y Kara sobre por qué las cosas han ido mal y cómo pueden intentar arreglarlas. Pero las explicaciones por sí solas no les llevarán a un nuevo lugar en su matrimonio. Las explicaciones por sí solas pueden aportar una visión y un cambio temporales, pero nada duradero. La inmensidad de la gloria de Dios tiene que aparecer tan grande ante sus ojos que puedan ver sus problemas en la perspectiva adecuada. El valor para esperar un cambio duradero solo es tan grande como el Dios que su imaginación —y la nuestra— sea capaz de ver. Cuando veo mi identidad en Cristo, la presencia y la provisión de Dios, y lo que Él está haciendo en el proceso, estoy dispuesto y soy capaz de hacer cosas que no haría de otro modo. Brian y Kara están empezando a hacer esto de maneras pequeñas pero importantes.

La explicación, aunque es un aspecto importante del cambio, no es suficiente. Debe estar alimentada por la imaginación. Eugene Peterson capta la interacción vital entre ambas.

> Tenemos un par de operaciones mentales, imaginación y explicación, diseñadas para trabajar en tándem. Cuando el evangelio se expresa de forma sólida y saludable, ambas trabajan en una elegante sincronía. La explicación fija las cosas para que podamos manejarlas y utilizarlas: obedecer y enseñar, ayudar y guiar. La imaginación abre las cosas para que podamos crecer en madurez: alabar y adorar, exclamar y honrar, seguir y confiar. La explicación restringe, define y sujeta; la imaginación expande y suelta. La explicación nos mantiene con los pies en el suelo; la imaginación nos eleva a las nubes. La explicación nos sujeta; la imaginación nos catapulta al misterio. La explicación reduce la vida a lo que se puede utilizar; la imaginación amplía la vida a lo que se puede adorar.[3]

Vivir en el país del gran cielo de Dios

A medida que has ido leyendo, tal vez has ido pensando: *Bien, Paul y Tim, esto suena bien, pero ¿cómo puedo estimular mi imaginación?* ¿Cómo se estimula la imaginación en cualquier ámbito de la vida? Si quieres decorar tu casa, compras revistas de decoración

[3] *Ibid.*, 167.

y las lees hasta que te haces una idea de lo que quieres hacer. Si quieres irte de vacaciones, siéntate con alguien que haya estado donde tú quieres ir. Hablarás de su viaje y te harás una idea de lo que puedes hacer cuando llegues allí. Probablemente consigas folletos de viajes o mires las fotos del viaje de tu amigo.

No basta con que Brian y Kara trabajen en su matrimonio; necesitan trabajar en su imaginación. Dios les ha dado maneras de hacerlo. Él ha proporcionado medios sencillos que estimulan y amplían su imaginación para ver lo que necesitan ver. Estos medios son la oración, la verdad, la comunión, la adoración y los sacramentos. Tenemos la tentación de minimizar esos medios porque parecen tan ordinarios. Y cuando nos acercamos a ellos sin un sentido claro de por qué nos fueron dados, podemos perdernos el profundo impacto que deberían tener en nosotros.

“El estudio de la Biblia y la lectura personal fracasan cuando perdemos lo que el estudio bíblico y la lectura tienen la intención de ser.”

El estudio de la Biblia y la lectura personal fracasan cuando perdemos lo que el estudio bíblico y la lectura tienen la intención de ser. Ambos tienen la intención de ser un medio, no un fin. El propósito del estudio de la Biblia es darme una visión del Dios que es mi Salvador y con quien estoy en relación. El estudio de la Biblia pretende estimular la adoración, pero a menudo se centra en la teología y las normas. Mis relaciones con mis hermanos y hermanas en el cuerpo de Cristo pretenden estimular nuestra apreciación colectiva de la grandeza y la gracia de Dios. Pero a menudo las relaciones se convierten en un fin en sí mismas, al servicio de nuestros deseos de aceptación. La Cena del Señor es una rica experiencia en la que las verdades espirituales se nos presentan de forma tangible. Su objetivo es despertar nuestra imaginación para ver la gracia de Dios a través del gusto, el tacto y la vista. Pero muchas veces la Cena del Señor se convierte en nada más que un ritual que realizamos de por mera repetición.

Hay muchas otras cosas que Dios nos proporciona para avivar nuestra imaginación de fe: himnos y canciones, sermones, seminarios, poesía, alegorías, creación física y viajes misioneros de corta duración, por nombrar algunos. El mundo natural debería estimular nuestra imaginación. La vida y el ministerio del cuerpo de Cristo deberían expandir nuestra fe y nuestra adoración. En medio de las luchas y oportunidades de la vida, todos debemos preguntarnos cómo podemos estimular nuestra imaginación para ver y adorar a Dios. También debemos buscar los medios que Dios nos ha dado para que esto suceda.

La realidad que ve tu imaginación es la realidad que dará forma a tus palabras, acciones, actitudes y relaciones. La pregunta no es: «¿Ha hecho Dios una provisión adecuada?». La pregunta es: «¿Lo vemos? ¿Estamos respondiendo los unos a los otros no solo sobre la base de la fuerza personal, el tamaño del problema, o nuestro historial, sino sobre la base de lo que Dios ha provisto?».

Brian y Kara se parecen mucho a nosotros. Como ellos, olvidamos que es en los pequeños momentos donde se pierden y ganan las batallas espirituales. Tendemos a minimizar la importancia de las escaramuzas diarias, momento a momento, con las circunstancias externas y el pecado interno. Pero Brian y Kara están empezando a ver lo que es depender de Cristo en esos pequeños momentos. Puede que Brian siga luchando contra la depresión; pero Cristo está presente con él, ayudándolo a verse a sí mismo con nuevos ojos. Kara está en un viaje similar. Está renunciando a su necesidad de tener el control y confiando en que Dios hará nuevas todas las cosas, ¡incluso a ella! Aunque todavía se necesita mucho cambio, los ojos de sus corazones se están abriendo para ver cuán amplios, profundos, anchos y largos son el amor y la gloria de Cristo. A medida que ven a través de los ojos de la fe (o los ojos de la realidad), Cristo los está cambiando de un grado de gloria a otro. Esto es verdaderamente asombroso, pero es exactamente lo que Dios ha dicho que es la realidad todo el tiempo.

¿Cómo ves la realidad? ¿Estás creciendo en tu capacidad de ver lo invisible? El apóstol Pablo nos anima y nos ordena a hacerlo en Efesios 5:14:

> «Despiértate, tú que duermes,
>   levántate de entre los muertos,
> y te alumbrará Cristo».

CAPÍTULO 15

SAL DE CASA

> Háganlo todo sin quejas ni contiendas, para que sean intachables y puros, hijos de Dios sin culpa en medio de una generación torcida y depravada. En ella ustedes brillan como estrellas en el firmamento, manteniendo en alto la palabra de vida...
>
> **FILIPENSES 2:14-16**

Si eres padre o madre, pregunta a tus hijos cuántos de sus amigos proceden de familias rotas. Si eres soltero, piensa en cuántas de tus relaciones incluyen algún grado de dolor y decepción. Echa un vistazo a tu propia familia y a tu familia extendida. Todos vivimos y somos partícipes del daño que engendra el pecado.

Lo que hace que la Biblia sea tan convincente es que entiende esto. El drama de las Escrituras es nuestro drama. Resuena fiel a la vida sin importar el grado de quebrantamiento que hayamos experimentado. Todas nuestras vidas están plagadas de momentos de arrepentimiento. Momentos en los que queremos retractarnos de lo que hemos dicho. Momentos en los que queremos volver atrás y deshacer una decisión. Momentos en los que la pasión se interpone en el camino de los principios. Aprendemos sobre la marcha, acertamos en un momento y nos equivocamos terriblemente al siguiente. Los motivos chocan con los motivos hasta que resulta difícil averiguar qué es lo correcto. A veces te irritas ferozmente con una persona a la que amas profundamente. A veces repites escenas una y otra vez en tu cabeza, aunque sabes que no deberías. A veces, cada momento de paz parece ser interrumpido por un conflicto. Y a veces hay mucho que agradecer, pero también mucho que lamentar.

> **Lo realmente asombroso de nuestro mundo no es la abrumadora cantidad de quebrantamientos, sino la presencia de algo bueno.**

A la luz de todo esto, ¡es asombroso que todavía podamos encontrar momentos en los que las cosas van bien! Lo realmente asombroso de nuestro mundo no es la abrumadora cantidad de quebrantamientos, sino la presencia de algo bueno. El hecho de que las relaciones permanezcan intactas, e incluso duren años, es una señal de que la bondad de Dios aún habita en el mundo.

Esperanza en las ruinas

Gracias a la presencia de Dios, has experimentado alegría en las relaciones. Los conflictos se resuelven. Una conversación difícil resulta positiva. Alguien te ha tendido la mano en un momento de lucha. Se te ha concedido el perdón. Se ha expresado y compartido amor verdadero. Te han servido y has estado dispuesto a servir. Una relación casual ha madurado en una profunda amistad. La gente ha pasado por alto tus debilidades y ha aplaudido tus puntos fuertes. Las personas han aprendido a ser sinceras sin ser mezquinas.

Los Salmos expresan el quebrantamiento y la fragilidad de la vida en los gritos de personas que anhelan algo que sea verdaderamente mejor. Y, sin embargo, también hay alabanza en los Salmos de la Escritura. No se trata de una emotividad vacua, sino de una alabanza que vive en medio del miedo, el dolor, la herida y la decepción. La alabanza nunca ignora estas experiencias. Por el contrario, se vuelve más agradecida al reconocer al Dios redentor que sale a nuestro encuentro en los dolores y alegrías de la vida. Un salmo que capta el punto de encuentro entre el quebrantamiento y la gracia es el Salmo 57:1-2. Escucha cómo el salmista vive en esta intersección mientras se enfrenta a las realidades de la vida.

> Ten compasión de mí, oh Dios;
>   ten compasión de mí, que en ti confío.
> A la sombra de tus alas me refugiaré,
>   hasta que haya pasado el peligro.
> Clamo al Dios Altísimo,
>   al Dios que me brinda su apoyo.

El salmista no se amilana ante las dificultades de la vida, pero tampoco las pasa por alto. Reconoce la realidad del desastre y, sin embargo, clama a Dios en medio de él. Su salmo es una adoración teñida de dolor.

Vivir en la intersección

Ben y Erin se conocieron cuando eran adolescentes. Su amistad se convirtió rápidamente en romántica porque sentían que habían tropezado con un tipo de amor que nunca recibieron en casa. Encontraron refugio el uno en el otro. A los pocos meses, Erin quedó embarazada y tuvieron que tomar la primera de muchas decisiones difíciles. La vergüenza del embarazo los llevó a casarse en secreto, pero apenas sabían cómo vivir juntos y no tenían ni idea de cómo quererse.

Ben era un niño en el cuerpo de un hombre. Parecía más interesado en el último videojuego que en las responsabilidades de un marido y un padre. Era un niño siempre solo en casa que nunca había tenido que rendir cuentas a los demás. Los padres de Erin estaban divorciados. Intentaban compensarla haciéndole regalos y satisfaciendo todos sus caprichos. La habían mimado de todas las formas equivocadas y esperaba ese tipo de trato como expresión de amor. Ben no tenía ni el deseo ni los recursos para satisfacer esas expectativas. Aunque había hecho grandes esfuerzos por ganarse su afecto mientras eran novios, esto cambió en cuanto se casaron.

La decepción de Erin y los sentimientos de fracaso de Ben, unidos a su incapacidad para resolver conflictos, convirtieron el matrimonio en una zona de guerra. Erin se quejaba de que Ben no la quería de verdad; Ben se quejaba de que Erin era demasiado exigente. Alternaban acaloradas discusiones con fríos retraimientos. En ambos casos, siempre señalaban con el dedo al otro.

Una noche, su conflicto se extendió a las escaleras de su complejo de apartamentos. Otra pareja oyó la discusión y les preguntó si podían ayudarles. A raíz de este sencillo acto de amabilidad, Erin empezó a reunirse con la esposa y Ben entabló amistad con el marido. También pasaron tiempo juntos como pareja. Estos nuevos amigos formaban parte de una iglesia local que destacaba por acoger a personas con dificultades y discipularlas en la gracia. Ben y Erin encontraron inmediatamente a otras parejas que compartían honestamente sus luchas, que resultaron ser sorprendentemente similares a las suyas. A medida que la gente compartía, lo que llamó la atención de Ben y Erin fue la honestidad que estaba ligada a una fuerte esperanza de cambio. Ben y Erin empezaron a experimentar cambios personales significativos al confiar en Cristo. Esta sencilla pero poderosa experiencia de los beneficios del evangelio empezó a transformar su matrimonio. Seguían teniendo muchas dificultades; pero empezaron a afrontarlas de otra manera. También estaban rodeados de creyentes que se comprometieron a acercarse a ellos y perseverar con ellos a través del complicado proceso de cambio que estaba en marcha.

La historia real

Lo que empezó como una historia sobre Ben y Erin es en realidad una historia sobre una pareja sin nombre y la comunidad de fe silenciosamente revolucionaria a la que pertenecen. Las armas de su guerra fueron la humildad, la honestidad, la esperanza, la gracia y el coraje. Se acercaron a Ben y Erin y les invitaron a entrar en su mundo.

Lo que hizo esta pareja puede resumirse con una palabra de la Biblia: reino. La revolución del reino de Dios no es ruidosa y explosiva. Es una revolución silenciosa llevada a cabo por humildes siervos que a menudo pasan desapercibidos. Basta con considerar al Rey de este nuevo reino radical. ¿Cómo entró Jesús en la historia de la humanidad? Vino como un bebé nacido en la pobreza en medio de un pueblo oprimido. Predicó un mensaje de esperanza que avanzó a través de la muestra silenciosa pero poderosa del amor de Dios a través de su sufrimiento, muerte y resurrección. Dondequiera que esté presente este Rey, estarán presentes estas mismas virtudes sorprendentes. Estas fueron las cualidades que conquistaron los corazones de Ben y Erin.

> **“Las armas de su guerra fueron la humildad, la honestidad, la esperanza, la gracia y el coraje.”**

¿Qué fue lo que atrajo a Ben y Erin de esta pareja anónima? Ben y Erin estaban temerosos, desesperanzados y desesperados, pero esta pareja anónima era convincente. Sus vidas hablaban del poder, la esperanza y la realidad del Rey Jesús. Ben y Erin sintieron que podían confiarles sus problemas. Ellos, a su vez, estaban dispuestos a que sus vidas fueran trastocadas por personas necesitadas como Ben y Erin. Cada vez que la gracia de Dios cambia tu corazón y tu vida, estás experimentando el reino que viene a la tierra como ya está en el cielo. Y cuando experimentas este poder del reino en tu vida, quieres que otros también lo experimenten.

No es lo que buscas

En una conversación con los fariseos, Jesús se enfrentó a su incomprensión fundamental del reino de Dios. Imaginaban un sistema de gobierno político en el que ellos serían la clase dominante. Jesús les informa de que su reino no es un sistema, sino la manifestación tangible de la presencia del Rey.

> Los fariseos le preguntaron a Jesús cuándo iba a venir el reino de Dios, y él les respondió:
>
> —La venida del reino de Dios no se puede someter a cálculos. No van a decir: "¡Mírenlo acá! ¡Mírenlo allá!" Dense cuenta de que el reino de Dios está entre [*dentro de*] ustedes. (Lucas 17:20-21)

Como los fariseos buscaban un reino terrenal y político, esperaban su llegada en el futuro. Estaban confundidos acerca de cómo sería el despliegue visible del reino. Muchas personas han concluido de este pasaje que el reino no es visible, sino que reside en los corazones de las personas. La NVI refuerza este punto de vista traduciendo la última frase como «el reino de Dios está dentro de ustedes». Pero Jesús está diciendo: «El reino está entre ustedes», señalando una realidad interna y externa.

Jesús les está diciendo a los fariseos que el Reino está ahí mismo para que lo vean, pero ellos no lo ven. Él está diciendo que debido a que el Rey está aquí, hay señales visibles de su gobierno. ¿Cuáles son estas señales que van en contra de lo que esperan los fariseos? Jesús está señalando una realidad interna de gracia que se expresa en cambios observables en las personas y sus relaciones. Deja un rastro de humildad, compasión, sacrificio, alegría y paciencia, junto con muchas otras cualidades. El impacto de esta revolución se extenderá a sistemas e instituciones, pero no es ahí donde empieza. Comienza en el corazón de las personas y tiene efectos en cadena que se extienden hasta los confines del pecado. Jesús está diciendo que los fariseos están mirando al mismísimo Rey del reino mientras se preguntan ¡cuándo va a llegar el reino prometido!

El Reino visible e invisible

¿Qué tiene que ver el Reino de Dios con la historia de Ben y Erin, o contigo y tus relaciones? ¡Todo! Si estás experimentando humildad, perdón, paciencia o conflicto piadoso, estás experimentando la obra del Rey mientras construye su reino. Esto significa que tus relaciones son un lugar donde el reino ha llegado, y están destinadas a atraer a otros hacia el Rey. Además, siempre que hables de cambio en tu vida y en tus relaciones, no estás llamando la atención sobre tu sabiduría, tu habilidad relacional o tus dotes personales; estás llamando la atención sobre Jesús, tu Rey. Como comprendieron la pareja y la comunidad que se acercaron a Ben y Erin, el reino de Dios no es solo para disfrutar en privado, sino también para mostrarlo en público. La gente que viene a nuestro entorno verá la obra del reino, pero no necesariamente al Rey. Es nuestra responsabilidad y nuestro privilegio señalarles su presencia.

> **“Es una revolución silenciosa que deja un rastro de humildad, compasión, sacrificio, alegría y paciencia, junto con muchas otras cualidades.”**

Hacer visible el Reino

La Biblia habla del reino de Dios de muchas maneras, pero Jesús utiliza dos metáforas para hablar específicamente de su naturaleza visible. En Mateo 5:13-16, Jesús dice que su presencia real dentro de su pueblo les permite funcionar como sal y luz para los que les rodean.

> Ustedes son la sal de la tierra. Pero, si la sal se vuelve insípida, ¿cómo recobrará su sabor? Ya no sirve para nada, sino para que la gente la deseche y la pisotee.
>
> Ustedes son la luz del mundo. Una ciudad en lo alto de una colina no puede esconderse. Ni se enciende una lámpara para cubrirla con un cajón. Por el contrario, se pone en la repisa para que alumbre a todos los que están en la casa. Hagan brillar su luz delante de todos, para que ellos puedan ver las buenas obras de ustedes y alaben al Padre que está en el cielo.

Consideremos lo que esto significa para nosotros y las oportunidades de redención que nos rodean.

Salado: sal de casa

La imagen de la sal desafía el aislacionismo porque la sal solo es eficaz como retardante de la descomposición cuando está en estrecho contacto con la sustancia en descomposición. Es una llamada incómoda porque nos aleja de la comodidad de las relaciones ya transformadas por el Rey. Sin embargo, somos más fieles a nuestra identidad y vocación cuando vivimos en medio de gente rota. La llamada del reino es una llamada al mundo, nunca a alejarse de él. Jesús fue inequívoco cuando dijo en Juan 17:15: «No te pido que los quites del mundo, sino que los protejas del maligno». Debemos estar en el mundo, aunque no ser de él. A menudo, los cristianos han eludido el reto de esta llamada definiendo su papel de sal en términos negativos. Se han limitado a denunciar las cosas malas de la cultura y a estar en contra de las cosas en lugar de a favor de ellas.

> **“La llamada del reino es una llamada al mundo, nunca a alejarse de él.”**

Pero la imagen de la sal también pone de relieve la importancia de nuestro carácter. ¡La sal solo es eficaz si es realmente salada! Estamos llamados a ser personas de gran carácter para que, cuando entremos en contacto con el mundo, nuestro carácter influya en quienes nos rodean. Estas cualidades no solo tienen que ver con el valor y la convicción, sino también con la humildad y la compasión. Lo que decimos es importante, pero cómo lo decimos también lo es. Lo que defendemos es importante, pero también lo es quiénes somos cuando defendemos esas cosas. Si, por la gracia de Dios, eres verdaderamente «salado», Dios quiere que apliques esa sal a las relaciones deterioradas donde más se necesita.

¿Qué oportunidades de ministerio existen para ti con las personas que Dios ha puesto en tu camino?

> ¿Hay alguna familia con problemas en tu barrio?
> ¿Hay algún progenitor soltero en el colegio de tu hijo?
> ¿Hay alguien en tu iglesia que se sienta solo y desanimado?

¿Hay algún adolescente que necesite ver cómo funciona una familia?

¿Hay relaciones que puedas entablar a través de las actividades extraescolares de tus hijos?

¿Dónde están las necesidades de servicio, misericordia y ayuda en tu comunidad?

¿Ha puesto Dios en tu vida a una persona mayor que necesita compañía?

¿Dónde están los pobres en tu comunidad? ¿Cómo puedes ser parte de sus vidas?

Estas son algunas de las formas en que Dios puede estar moviéndote hacia el exterior. No estás necesariamente llamado a hacer todas estas cosas debido a otros llamados y responsabilidades que ya tienes. Pero Dios sin duda te ha dado oportunidades para ser sal. Si tienes hijos, estás llamado a cuidarlos, pero una manera de cuidarlos es incluirlos en algunas oportunidades de ministerio que Dios te ha dado.

Una cosa es cierta: para ser sal, hay que tener confianza en el Dios que entró en un mundo pecador para redimirlo. Aunque debemos ser prudentes, no debemos temer al mundo en el que Dios nos ha puesto. Sí, las cosas se complicarán. Pero si te sientes humillado por el desorden del pecado en tu propia vida, pero confías en la gracia de Dios para cambiarte, no tendrás miedo de acercarte a otros pecadores que necesitan esa misma gracia. Dios utilizará el desorden que encuentres en los demás para estimular tu propio crecimiento en el evangelio.

¿Eres luz?; entonces acoge

Las cosas buenas que experimentamos son una señal de la llegada del reino de Dios a nuestras propias vidas. Si ser sal implica salir al mundo, ser luz implica acoger a la gente para que puedan ver que el reino ha llegado. Acoges a la gente para que puedan ver el impacto del Reino en tus relaciones. Nuestras relaciones deben ser faros en un mundo oscuro, y estamos llamados a acoger a la gente en la luz. En Filipenses 2:14-16 el apóstol Pablo habla de la comunidad cristiana como luz.

> Háganlo todo sin quejas ni contiendas, para que sean intachables y puros, hijos de Dios sin culpa en medio de una generación torcida y depravada. En ella ustedes brillan como estrellas en el firmamento, manteniendo en alto la palabra de vida...

En Efesios 5:11, Pablo nos llama a «denunciar» las «obras de las tinieblas». La palabra que usa Pablo para «denunciar» las tinieblas no significa «señalar con el dedo y juzgar». Significa que persuadimos a la gente de que el evangelio es verdadero porque nuestras vidas son un testimonio convincente del Dios que ha venido por los pecadores. Pablo continúa su pensamiento en los versículos 15 y 16, diciendo: «Tengan cuidado de su manera de vivir. No vivan como necios, sino como sabios, aprovechando al máximo cada momento oportuno, porque los días son malos». Nuestras vidas y relaciones en Cristo deben ser más convincentes que los placeres temporales del pecado.

Ten en cuenta que una de las cosas más convincentes que la gente ve es tu propia necesidad de gracia. Este no es un ministerio que se beneficie de una postura de «yo he llegado, pero tú necesitas gracia». Es en el contexto de tus propios pecados, luchas y debilidades donde el amor y el poder del Rey se ven más claramente. Ambos hemos tenido gente viviendo en nuestras casas durante largos periodos de tiempo. Invariablemente, nuestros huéspedes han dicho que lo más útil de la experiencia (además de las cosas buenas que observaron) fue el hecho de que vieron nuestros pecados y nuestra necesidad diaria de gracia. Una de las características del reino es la humilde conciencia del tirón del pecado y de los gritos diarios de ayuda que conlleva.

¿Qué oportunidades tienes de invitar a otros a la luz para que puedan ver el reino?

¿Tiene tu hijo algún amigo al que le vendría bien pasar tiempo en tu casa?

¿Hay algún compañero de trabajo al que puedas invitar a cenar y al cine con tus amigos?

¿Conoces a alguna persona mayor que disfrutaría del cariño de una familia durante las fiestas?

¿Hay alguien que esté agobiado o en crisis y necesite un retiro?

¿Hay alguna otra familia a la que le gustaría pasar tiempo con la tuya?

¿Conoces a alguna pareja joven que podría ser mentoreada por una pareja mayor?

Si eres soltero, ¿hay alguna familia con niños pequeños que se beneficiaría de tu ayuda? ¿Cómo podría esto bendecirte a ti también?

Por supuesto, no estás llamado a hacer estas cosas todo el tiempo. Pero piensa en formas de invitar a la gente a tu vida y empieza a buscar esas oportunidades de forma práctica.

Héroes anónimos

La historia de Ben y Erin trataba en realidad de la pareja anónima y su comunidad eclesial. A pesar de todas las debilidades y fracasos que esta pareja anónima seguramente experimentó, acertaron en algo en su relación. Sabían que las cosas buenas que Dios había hecho por ellos no eran para quedarse con ellas; eran instrumentos que Dios quería utilizar. Así funciona la economía de Dios. Él colma a los pecadores de gracia y bendiciones para que puedan hacer lo mismo por los demás en su nombre.

El ministerio es adoración

El llamado que hemos considerado en este capítulo no es solo uno al ministerio; es un llamado a la adoración. Puede sonar extraño, pero siempre que sirves a otras personas, no solo las estás sirviendo a ellas. Estás sirviendo al Rey, y eso es adoración. El amor por Cristo siempre se extenderá a otros. El agradecimiento a Cristo siempre resultará en compartir nuestras bendiciones con otros. Disfrutar de los beneficios del perdón de Cristo siempre se expresará así mismo en el perdón a los demás. La gratitud por la persecución amorosa de Dios siempre nos llevará a perseguir a los demás, incluso cuando no quieran ser perseguidos. El agradecimiento por la voluntad de Cristo de entrar en nuestro desordenado mundo nos hará estar dispuestos a entrar en el de los demás. La adoración reconoce que nuestras buenas relaciones no nos pertenecen a nosotros, sino a Cristo. Por tanto, no podemos atesorarlas; estamos obligados a compartirlas con los demás. Nuestras respuestas a las personas están siempre conectadas con nuestra respuesta a Cristo. Nuestra adoración y teología siempre se mostrarán en la forma en que tratamos a los demás. Cristo cerró la brecha entre nuestras relaciones verticales y horizontales con estas sorprendentes y humildes palabras en Mateo 25:34-40:

> Entonces dirá el Rey a los que estén a su derecha: "Vengan ustedes, a quienes mi Padre ha bendecido; reciban su herencia, el reino preparado para ustedes desde la creación del mundo. Porque tuve hambre, y ustedes me dieron de comer; tuve sed, y me dieron de beber; fui forastero, y me dieron alojamiento; necesité ropa, y me vistieron; estuve enfermo, y me atendieron; estuve en la cárcel, y me visitaron". Y le contestarán los justos: "Señor, ¿cuándo te vimos hambriento y te alimentamos, o sediento y te dimos de beber? ¿Cuándo te vimos como forastero y te dimos alojamiento, o necesitado de ropa y te vestimos? ¿Cuándo te vimos enfermo o en la cárcel y te visitamos?" El Rey les responderá: "Les aseguro que todo lo que hicieron por uno de mis hermanos, aun por el más pequeño, lo hicieron por mí".

¿No te alegras de que esto es exactamente lo que Jesús hizo por ti?

COALICIÓN POR EL EVANGELIO es una hermandad de iglesias y pastores comprometidos con promover el evangelio y las doctrinas de la gracia en el mundo hispanohablante, enfocar nuestra fe en la persona de Jesucristo, y reformar nuestras prácticas conforme a las Escrituras. Logramos estos propósitos a través de diversas iniciativas, incluyendo eventos y publicaciones. La mayor parte de nuestro contenido es publicado en www.coalicionporelevangelio.org, pero a la vez nos unimos a los esfuerzos de casas editoriales para producir y colaborar en una línea de libros que representen estos ideales. Cuando un libro lleva el logo de Coalición, usted puede confiar en que fue escrito, editado y publicado con el firme propósito de exaltar la verdad de Dios y el evangelio de Jesucristo.

TGC | COALICIÓN